dtv

»Jostmann kommt dem Land, durch das er zieht, sehr nahe. ... Fern aller Klischees öffnen sich dem Autor – und dem Leser – Blicke auf ein Italien, in dem es einsame Gebirgsregionen und Wildschweine ebenso gibt wie Dönerbuden, böse Pfarrer und eine geheime Leidenschaft für Gussbeton ... Wer je versucht hat, sich im Autoland Italien spazierengehenderweise fortzubewegen, der wird vor dem Autor dieses Buchs den Hut ziehen.«
Frankfurter Allgemeine Zeitung

Christian Jostmann, geboren 1971, ist Historiker. Er schreibt für die ›Süddeutsche Zeitung‹ und andere Zeitungen.

Christian Jostmann

Nach Rom zu Fuß

Geschichte einer Pilgerreise

Mit 20 Abbildungen und 6 Karten

Deutscher Taschenbuch Verlag

Ausführliche Informationen über unsere Autoren und Bücher finden Sie auf unserer Website <u>www.dtv.de</u>

Ungekürzte Ausgabe 2010
Deutscher Taschenbuch Verlag GmbH & Co. KG, München

Umschlagkonzept: Balk & Brumshagen
Umschlagfoto: LOOK-foto/Jürgen Richter
Gesetzt aus der Scala
Gesamtherstellung: Druckerei C. H. Beck, Nördlingen
Gedruckt auf säurefreiem, chlorfrei gebleichtem Papier
Printed in Germany · ISBN 978-3-423-34622-1

Inhalt

Erstes Buch

Verpaßter Segen 9 Versuchung 11
Neubeginn 15 Der Bergpraktikant 18
Durch die nördlichen Kalkalpen 22

Zweites Buch

Auf dem Traumpfad 31 Bella Bimba 35
Überschreitung 37 Entrückung 39
Ein wandernder Heiland 41

Drittes Buch

Maria hat geholfen 47 Nach Welschland 52
Die grünen Berge 53 Der letzte Tag 55
Heroischer Nihilismus 58

Viertes Buch

Eine barmherzige Hispanistin 63 Zahn um
Zahn 66 Leere 72 Taucias gareida 73
Fegefeuer 78 Im Paradies 87 Vater 93
Die Ebene (I) 95 Jenseits des Po 101
Das Zimmer des Sohnes 106

Fünftes Buch

Stelvios Geschichte 115 Die Ebene (II) 118 Die
Stadt Gottes 120 Ein Tag am Meer 125
Vera Icon 128 Rhythmus 129 Die Straße
des Konsuls 135 Über alte Pässe 140

Der heilige Berg 144 Das beste Eis von Florenz 150 Sommernacht 155

Sechstes Buch

Eine bewegende Landschaft 159 Die Frankenstraße 162 Ein Pater im Streß 167 Mißgeschicke 170 Verklärung 172 Der Prophet vom Amiata 177 Der See 184 Erleuchtung 186 Sutrilied 196 Die Gefährten 201 Audienz 207

Siebtes Buch

Epilog 219

Bildnachweis

223

Erstes Buch

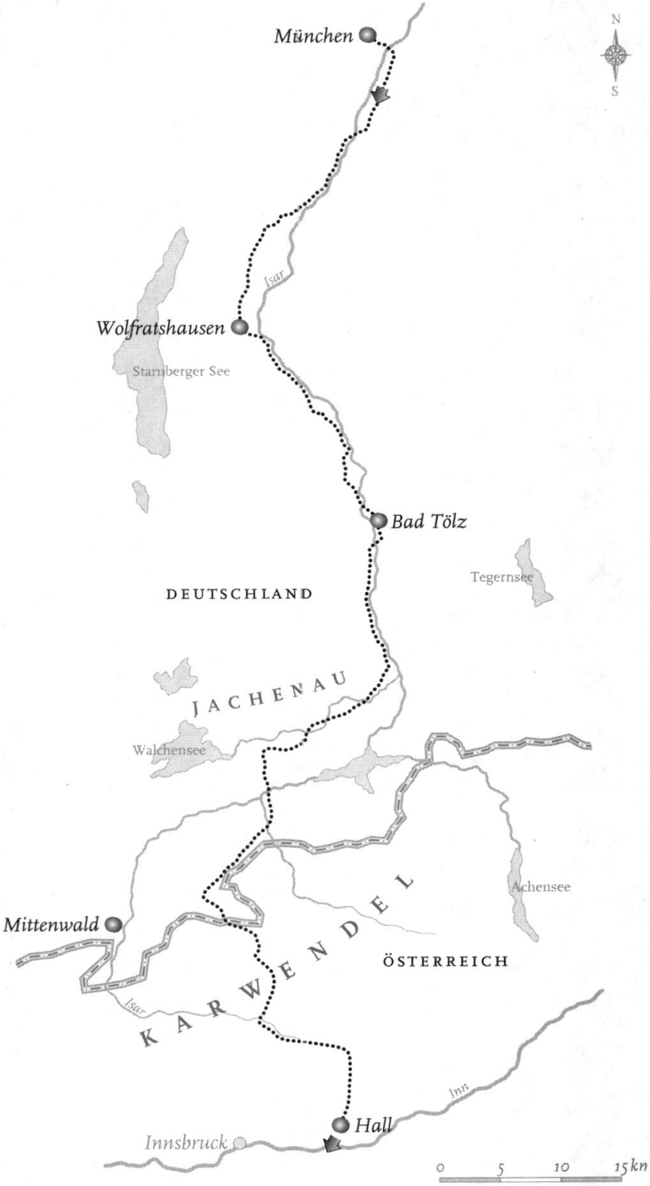

N
S
München
Isar
Wolfratshausen
Starnberger See
Bad Tölz
Tegernsee
DEUTSCHLAND
JACHENAU
Walchensee
Achensee
Mittenwald
KARWENDEL
ÖSTERREICH
Isar
Inn
Hall
Innsbruck
0
5
10
15kn

Langsam wollte ich losgehen, das hatte ich mir vorgenommen, ganz ruhig und schön langsam. Ein Pilger läßt alle Eile hinter sich. Wie Momos Schildkröten: Wer rennt, kommt nicht ans Ziel. Doch so einfach geht es dann nicht. Um acht Uhr zweiundfünfzig am ersten Augusttag verlassen Klara und ich das U-Bahn-Geschoß und hasten über den leeren Marienplatz. Punkt neun soll die Messe in der Michaelskirche beginnen. Die Kirche ist wider Erwarten rappelvoll, weil die Jesuiten heute die Vereinigung ihrer beiden deutschen Ordensprovinzen feiern. Wir müssen stehen. Die Sonne bringt den vergoldeten Altar zum Leuchten, in der Luft mischt sich Weihrauch mit Haydns Musik. Ein paar Meter vor uns wird eine Frau ohnmächtig, sie kippt einfach so auf den harten Steinboden. Sogleich bildet sich ein Knäuel von Hilfsbereiten. Unterdessen geht die Messe weiter. Ein Würdenträger nach dem anderen tritt vor und preist die Fusion, als ob er zu einer Aktionärsversammlung spräche: «Wir stellen uns damit den Herausforderungen der Zeit.»

Nach einer Stunde schlüpfen wir erschöpft aus der Kirche, noch vor dem Segen. Ich habe ein ungutes Gefühl. Als Pilger entwickelt man schnell einen Sinn für die Form. Meiner Frau habe ich eine Vollmacht für alle weltlichen Angelegenheiten gegeben, und in der Tasche trage ich das Empfehlungsschreiben eines Pfarrers. Das Geleit vor die Stadt, wie es die uralten Regeln erfordern, werden mir Freunde geben. Wir wollen uns gleich in Schneiders Bräuhaus treffen, um gemeinsam ein letztes Weißbier zu trinken.

Auf dem Weg dorthin machen wir einen Schlenker am Geldautomaten vorbei. Da sehe ich auf der anderen Straßenseite ein Gesicht, das ich kenne, das aber nicht in die Umgebung paßt. Ist das nicht Jan? Wir sind in derselben Kleinstadt aufgewachsen, haben dieselben Parties besucht, später verlor man sich aus den Augen. Jetzt radelt er am Sonntagmorgen über den Rindermarkt, den Fotoapparat über der

 Schulter, und erklärt uns, daß er aus Hamburg hergekommen ist, um für eine Werbeagentur Schaufenster zu «scouten». Was es nicht alles gibt. «Und wo wollt ihr hin?» – «Nach Rom.» – «Auch nicht schlecht.» Er wünscht uns viel Glück. Diese Begegnung wiegt mir den verpaßten Segen auf.

Die Weißwurst ist gut, wie immer, die Bedienung grantig, wie immer, das Weißbier ausnahmsweise light, wegen der schwülen Hitze, die sich breit macht, unter die Sonnenschirme kriecht und unter meinen nagelneuen Baumwollhut, den ich extra für die Reise angeschafft habe. «Quality Since 1921 DORFMAN PACIFIC HEADWEAR ONE SIZE FITS ALL» steht auf dem Schweißband. Der Hut ist dunkelbraun und gegen Regen mit Öl imprägniert. Ich leihe ihn einem, der keinen Platz unter dem Schirm gefunden hat. Das sieht lustig aus, denn er hat einen größeren Kopf als ich.

Als die Glocken mittag läuten, brechen wir endlich auf, gehen an der Servicestelle des Alpenvereins vorbei, durchs Isartor und über den Hof des Deutschen Museums und folgen dem Uferweg in die Au. Einer der Freunde trägt eine Weile meinen Rucksack, die dreizehn Kilo. Aber es hilft ja nichts. Die nächsten Wochen werde ich ihn doch selber tragen müssen.

Auf dem Uferweg drängen sich Naherholungsuchende. Radfahrer klingeln drohend und zanken sich mit den Fußgängern, beinahe kommt es zu Handgreiflichkeiten. Nach und nach biegen die Freunde ab, suchen sich ein Plätzchen am Kiesstrand, auf dem zäh und dunstig der Sommer brütet. Abschiedsfotos, dann gehe ich mit Klara allein, auch die Ausflügler werden weniger. Auf dem Fluß kommen uns große Flöße entgegen, mit biertrinkender Besatzung und weißblauem Klohäuschen. Blasmusik klingt ans Ufer. Rote Gesichter, gut gefüllte Trachten. Einige grüßen leutselig herüber.

In Schäftlarn erwartet uns eine Freundin mit dem Abendbrot. Nach dem Essen sitzen wir eine Weile auf ihrer Terrasse und bewundern den Teich, den ihr Vermieter akkurat in Beton gegossen hat. Das Lebendigste an dem ganzen Ensemble scheint ein bemalter Frosch aus Ton zu sein. Irgendwann kommt aus Klaras Mund die unvermeidliche Frage: «Wann fährt denn die S-Bahn?» Nachdem ich sie zum Bahnhof gebracht habe, lege ich mich im Appartement der Freundin auf die Isomatte. Draußen zieht ein Gewitter auf.

Versuchung

Nach dem nächtlichen Gewitter ist bald die Hitze zurückgekehrt. Als ich aufbreche, hat sie dem Morgen die Frische schon ausgetrieben. In Schäftlarn brummt der Verkehr, und auf den Wiesen summt der Sommer. Ich tauche in den Wald, der angenehm kühl ist, erreiche Irschenhausen und bald darauf Icking, wohlhabende Pendlerdörfer. Die Landschaft verschwindet stufenweise im Dunst, von den Bergen ist kein Deut zu sehen. Hinten auf einem gepflegten Rasen sitzt die ältere Generation beim Morgenkaffee. Weiter vorn, an einem Tisch, steht eine junge Frau mit einem blonden Kind an der Schürze und putzt Gemüse. Als sie mich sieht, lächelt sie. Vielleicht beneidet sie mich in diesem Moment genauso um meine Freiheit wie ich sie um ihr Aufgehobensein in der ländlich-häuslichen Ordnung.

Wie gestern ist heute die Isar meine Richtschnur, und sie soll es auch morgen und übermorgen sein, bis sie mich irgendwann zu den Bergen bringt. Der Fluß in seiner heutigen Gestalt ist ein Werk des Isartalvereins, den der Münchner Architekt Gabriel von Seidl vor etwa hundert Jahren gründete. Der Verein hat lange Stücke des Flußufers aufgekauft und renaturiert. Davon profitieren nicht nur Pflanzen und Vögel, sondern auch die Jogger und Radfahrer auf den Uferwegen und die Sonnenbadenden auf den ausgedehnten Kiesstränden.

Die Aulandschaft ist ein Labyrinth aus überwucherten Pfaden und toten Flußarmen, in dem ich mich gründlich verlaufe. Nach Stunden komme ich mit zerkratzten Waden wieder heraus, irgendwo jenseits des Städtchens Geretsried. Ich habe keine Karte dabei, sondern nur Kopien von handgemalten Wegskizzen aus einem Wanderführer älteren Datums. Die Kreuzung vor mir und das Industriegebiet sind nicht eingezeichnet. Ein Mann erklärt mir den Weg zurück zur Isar. Inzwischen ist es später Nachmittag.

«Jugendlager Hochland» lese ich auf den Wegskizzen. Da sollte Platz für einen müden Wandervogel sein. Eine Siedlung von schwarzen Jurten zeigt mir, daß ich auf dem richtigen Weg bin. Bei den Jurten steht ein Waschhaus aus Holz, vor dem sich ein paar Jungen gegenseitig naßspritzen. Als ich grußlos zwischen sie trete, um mir den Staub aus dem Gesicht zu waschen, halten sie ein und blicken mich scheu an. Stumm nehmen sie ihre Sachen und gehen fort.

Das «Jugendlager Hochland» erweist sich als ein unüberschaubarer Komplex von Hütten und Zelten, zwischen denen es von Kindern jeden Alters wimmelt, heiseren kleinen Jungs, frühreifen Mädchen, verstrubbelten Pfadfindern. Nach langem Suchen finde ich den Direktor, der mit seiner Frau und zwei Gästen vor seiner Villa unter einem Baum sitzt und zu Abend ißt. Ein Schlafplatz? Wo ich denn hinwolle? «Nach Italien.» Er greift zum Telefon. Nach ein paar Minuten schlendert ein braungebrannter, schlanker junger Mann in Shorts und Sandalen heran. Er streckt mir die Hand hin: «Tag, ich bin der Andi.»

Andi führt mich durch das Lager: «Das alles gehörte mal der Hitler-Jugend. 6000 Pimpfe konnten hier gleichzeitig zelten.» Seit dem Krieg werde ein Teil von einem Verein bewirtschaftet und an Gruppen aller Art vermietet, letzte Woche zum Beispiel an die Landesfeuerwehrjugend: «1500 Leute, immerhin.» Eine Gruppe Jugendlicher kommt auf uns zu. Ein Blonder, offenbar der Anführer, sagt zu Andi, daß jemand vom Gesundheitsamt da war und wegen der Wasserschläuche gemeckert hat, in denen sich Bakterien bilden könnten. «So ein Quatsch», schimpft der Blonde: «Da fließt doch den ganzen Tag Wasser durch!» Andi erklärt: «Keine Sorge. Die wollen sich bloß wichtig machen. Wenn wieder jemand kommt, schickt ihn zu mir.» Der Blonde scheint beruhigt. Ich ertappe mich, wie ich Andi einen bewundernden Seitenblick zuwerfe. Er ist hier der Chef.

Am Rand einer Wiese mit Zelten betreten wir ein Blockhaus. Im schummrigen Licht bunter Glühbirnen erkenne ich eine rohgezimmerte Bar mit Stereoanlage und einen Stapel olivgrüner Feldbetten. Andi hilft mir, eins zusammenzubauen, und wünscht mir einen guten Abend.

Nachdem ich mich eingerichtet habe, setze ich mich vor die Hütte und beobachte eine Gruppe des Kreisjugendrings Fürstenfeldbruck, die ein Herr-der-Ringe-Rollenspiel vorbereitet. Zwei Betreuerinnen nähen mit einigen Kindern Kostüme für Elfen und Orks, während die anderen herumtoben: «Verpiß dich mit deinem schwulen Ball!» Die Gruppenleiter, zwei junge Männer mit Pferdeschwänzen und bedruckten schwarzen T-Shirts, bringen das Lagerfeuer in Gang und dozieren über Fantasy-Kultur: «Das Schwert Excalibur war besser als Durendal», sagt der eine: «Es war aus Zwergenstahl geschmiedet und in Mondlicht gehärtet. Excalibur durfte nur von wahren Königen geführt werden.» – «Ich finde Zweihänder am coolsten», sagt der andere. Ein schmaler, vielleicht zwölfjähriger Junge hängt an ihren Lippen.

Ich bleibe vor der Hütte sitzen, bis es dunkel wird. Als zwischen Zelten und Bäumen die Lagerfeuer zu flackern beginnen wie im Heerlager der Ringkrieger, ziehe ich mich zurück und lege mich auf das Feldbett. Eine Weile höre ich dem Klang der Gitarren zu, den der Wind durchs offene Fenster hereinweht, dann schlafe ich ein.

Am nächsten Morgen, im Speisesaal, servieren mir zwei polnische Küchenmädchen ein üppiges Frühstück. Ich schaffe mit Mühe, alles aufzuessen. Sogleich bringen sie noch mehr. «Für die Reise», sagen sie. Dankbar zahle ich in der Verwaltung die erbetenen fünf Euro, bevor ich das gastliche Hochland-Lager verlasse.

Mein Weg führt hinab ins Rothenrainer Moos, Endmoränenlandschaft, im Dunst dahinter der Blomberg, ein beliebtes Ausflugsziel. Es könnte ein schöner Morgen sein. Aber nicht für mich. Ein Stechen im rechten Knie, das ich schon am ersten Tag zu verdrängen versucht hatte, ist in den Knöchel hinabgewandert. Jedes Auftreten verursacht einen schmerzhaften Stich, und jeder Stich zehrt an meiner Moral, reißt einen Brocken Moral aus meinem Fleisch, Stück für Stück, unerbittlich.

Nach ein, zwei Stunden falle ich in eine Art Betäubung. Eine Liedzeile von U2 schwirrt mir hartnäckig im Kopf herum: *How long, how long must we sing this song?* Dazwischen blinkt immer wieder ein Name auf: Schillebeeckx. Schillebeeckx. Ein holländischer Theologe. Was hat der in meinem Kopf zu suchen? Dumpf trotte ich neben der Straße entlang, how long, verlaufe mich, kehre um, finde eine andere Straße, how lo-o-o-o-ng, einen Radweg, einen Stausee, schließlich den Kalvarienberg von Bad Tölz. Schillebeeckx. Wenige Minuten später stehe ich in der Einkaufstraße, zwischen pastellfarbenen Häusern und pastellfarbenen Menschen, die sich zeitlupenhaft bewegen. Ein Freiluft-Sanatorium. Das Klagelied einer Geigenspielerin am Straßenrand untermalt die Szenerie. Ich gebe der Schwerkraft nach, die mich hinunter zum Fluß zieht.

Am Ortsausgang höre ich, in kräftigstem Bayerisch, den Kommentar eines pausierenden Radfahrers: «Der geht wohl nach Venedig.» Er ist sportlich, grauhaarig, braungebrannt, trägt ein weißes Polohemd. Der eine Ärmel ist leer. «Nein, nach Rom», sage ich, ohne anzuhalten. – «Ja, gibt's 'n des a?» Ein paar Minuten später holt er mich ein. Seine Augen leuchten: «Die totale Kasteiung, oder?» – «Nein, die totale Freiheit.» Ob ich gerade erst losgelaufen sei. Nein, vor zwei Tagen. «Dafür sehen Sie aber noch frisch aus.» Will der Einarmige sich über mich lustig machen? Aber er schaut anerkennend herüber, wünscht gutes Wetter und «viel geistige Kraft». Dann radelt er davon.

Rechts müßte ich die Benediktenwand sehen, aber sie ist hinter konturlosen Wolken verborgen, die schwer auf dem Tal, auf der amorphen Hitze liegen. Das einzig Klare, Deutliche im Moment ist der Schmerz, der bei jedem Schritt das rechte Bein zerschneidet, unbarmherzig, vom Knöchel aufwärts bis zum Hüftgelenk. Eine Rentner-Wandergruppe umschwirrt mich wie ein Schwarm Fliegen. Die Fliegen summen und brummen, sprechen angeregt über Münchner Immobilien und Erbfälle. Zum Glück biegen sie bald ab.

Als ich die Isarbrücke bei Lenggries erreiche, ist der Mittag vorbei. Kaum habe ich den schmerzenden Fuß ins kalte Wasser gehalten und mich ausgestreckt, kriecht auch schon eine Versuchung heran, vor der die Pilger früherer Zeiten gefeit waren. Ein Zug läuft am anderen Ufer in den Bahnhof ein. Das waren jetzt drei Tage, sage ich mir, gerade mal siebzig Kilometer. Nichts im Vergleich zu dem, was noch kommt. Warum nicht in die Eisenbahn steigen? In einer guten Stunde in München ankommen, den Nachmittag am See verbringen, abends Biergarten, danach ein bequemes Bett ...

Neubeginn

«Ein Pilger sollte sich in solcher Zerknirschung auf den Weg machen, als ob er diese Welt für immer verlassen müßte», sagt Tirri zu Firri. Zuvor hat er seinem Freund den Weg von Stade nach Rom beschrieben, die Vor- und Nachteile der verschiedenen Routen aufgezählt und nützliche Tips für die Reise gegeben. Das fiktive Gespräch der beiden jungen Männer ist in einem mittelalterlichen Geschichtsbuch überliefert, den Stadener Annalen des 13. Jahrhunderts. Es fiel mir in die Hände, als ich nach einer Wegbeschreibung von München nach Rom suchte. Tirris Rat hatte mir wegen seines Pathos gefallen, ernst genommen hatte ich ihn nicht. Hochmütig war ich aufgebrochen, stolz, etwas Besonderes zu unternehmen. Ich gehe nach Rom: Welche Verheißung lag in diesen Worten! Das Land neu erschließen, das – wie einmal jemand sagte – die Eisenbahn den nördlichen Reisenden verschlossen hat. Mit den Füßen jenen Ort suchen, wo sich die Europäer seit Jahrhunderten selbst gefunden haben. Die ewige Anziehungskraft Roms ermessen, mit eigenen Schritten.

Die Idee war mir vor Jahren am Ende der Welt gekommen, in Finisterre. Nach einer langen Wanderung durch den Norden Spaniens nahm ich mir vor, zu Fuß nach Rom zu gehen, sobald sich die Gelegenheit böte. Und dann war die Gelegenheit plötzlich da: acht Wochen freie Zeit, ein ganzer Ozean an Zeit, in den ich kurzentschlossen hineingesprungen bin, ohne mehr als die nötigsten Vorkehrungen treffen zu können. Die Ausrüstung besorgen, eine Route entwerfen, das Zimmer vermieten, die Auftraggeber informieren: Darüber ist die mentale Vorbereitung völlig zu kurz gekommen, wie ich jetzt spüre. Der Schmerz im Bein macht mir bewußt, wie lang der Weg ist, den ich mir vorgenommen habe, und wieviel Glück ich brauchen werde, um ans Ziel zu kommen. Alles, was ich tun kann, ist gehen, Tag für Tag, und hoffen, daß die Beine durchhalten. Die Wanderung ist zu Ende, die Pilgerfahrt beginnt.

Am späten Nachmittag schultere ich den Rucksack. Diesmal gehe ich wirklich ohne Eile los, lasse Lenggries und den Bahnhof hinter mir liegen, folge weiter der Isar auf dem Uferweg. Ich mache bewußt kleine Schritte, um das schmerzende Bein zu schonen. Und siehe da, es hilft.

Die Hügel rechts und links rücken näher zusammen. Der Tag ist altersmilde geworden, seine Hitze ist zu einem lauen Sommerabend abgekühlt. Bevor ich in die Jachenau abbiege, nehme ich noch ein Bad im Fluß. Ich tauche ganz unter und halte mich an den Steinen fest, um nicht von der Strömung mitgerissen zu werden. Eiskalt und klar ist das Wasser.

Bald darauf laufe ich zwei Camperinnen in die Arme. Sie haben ihr kleines Wohnmobil hinter einem Busch versteckt und sitzen leicht bekleidet auf Campingstühlen. Die eine putzt Pfifferlinge, die andere liest ein Buch über Orchideen. Ich frage die Frauen nach dem Weg. Sie kennen sich nicht aus, aber sie schenken mir eine Karte. Danke. Damit werde ich den Weg zum Rißsattel wohl finden.

Endlich bergauf! Die Füße fühlen sich leichter an, das rechte Bein ist fast schmerzfrei, als hätte es die ganze Zeit nur darauf gewartet, dem flachen Land zu entkommen und endlich bergauf steigen zu dürfen.

Als die Sonne untergeht, erreiche ich eine Almwiese. Die Hütte in der Mitte scheint unbewohnt, nur ein paar Kühe grasen am Waldrand. In einer Mulde am oberen Ende der Wiese rolle ich den Schlafsack aus, esse ein wenig Brot mit Wurst und Schokolade. Dann schaue ich zu, wie der Himmel an Dunkelheit und Tiefe zunimmt und wie, einer nach dem anderen, die Sterne aufgehen wie Kienspäne. Die Kühe kommen grasend näher. Sie umrunden mich in ein paar Metern Entfernung und stieren mich genauso verständnislos und mißtrauisch an wie ich sie, grasen weiter und stieren, grasen und stieren. Ich zähle neun Viecher.

Hinter mir wacht der Wald auf. Es knackt und raschelt im Unterholz, es schnaubt und quiekt. Ab und zu ist das langgestreckte Donnern eines Flugzeugs zu vernehmen, und ein bunter Lichtpunkt bewegt sich schnell und gleichmäßig durch den Himmel. Ein Käuzchen ruft. Ich finde keine Ruhe, der ungewohnten Geräusche wegen, die aus dem nahen Wald zu mir dringen, und wegen der Kühe, deren massige Schemen wenige Meter vor mir aufragen. Es ist lange her, daß ich allein draußen geschlafen habe, ohne die schützende Hülle eines Hauses oder wenigstens eines Zeltes um mich. Das muß ich erst wieder lernen.

Am nächsten Morgen hängt Nebel über der Wiese, doch im Dunst zeichnen sich die Umrisse eines klaren Tages ab. Die Karte der Camperinnen bewährt sich. Eine Forststraße windet sich um die Hügel, durch den Wald, mündet schließlich in einen Pfad, der sich schmal und verwachsen am steilen Hang eines tief eingeschnittenen Tales entlangzieht. Zehn, zwanzig Meter weiter unten lockt der Bach mit seinen blaugrünen Gumpen, Vertiefungen, in denen sich das kühle Wasser sammelt. Hier oben rieseln mir die Nadeln trockener Tannen in den Nacken und schwimmen mit dem Schweiß den Rücken hinab. Der Rucksack drückt, und mir fällt ein, was ich alles hätte zu Hause lassen können.

Da höre ich Kuhglockengeläut. Der Weg wird breiter und nähert sich dem erfrischenden Bach. Wenig später stoße ich auf eine Almhütte. Ich frage den Bauern, einen älteren Mann im grünen Overall, nach Milch. Er besitzt leider nur Jungvieh, das noch keine Milch gibt. Aber immerhin 24 Stück, wie er stolz hinzufügt. Aus seinem zerknitterten stoppeligen Gesicht lächeln zwei blaßblaue Augen. Der Bauer hat schon ein Bierchen auf und saugt an einer langstieligen Pfeife. Seine Frau bietet mir Kaffee und eine frischgebackene Rohrnudel an. Ich greife freudig zu, denn außer ein paar Keksen habe ich nichts gefrühstückt. Die Alten erzählen, daß sie von Juni bis September auf der Alm leben: «Hier läßt es sich aushalten», sagt der Bauer. Das glaube ich gern. Die beiden scheinen in einer längst vergangenen, glücklichen Zeit zu leben.

Zwanzig Minuten von der Alm entfernt stehe ich auf dem Rißsattel. Von hier hat man einen imposanten Blick auf das Karwendel-Gebirge. Zackig und schroff reihen sich die grauen Gipfel des Hauptkamms aneinander, in manchen der steilen Kare liegt Schnee.

Es ist keine 150 Jahre her, da war das Karwendel eine Terra incognita. Kein Reisender nach Süden hätte damals freiwillig dieses unwirtliche, wilde Gebirge betreten. Er hätte es umgangen, hätte den Umweg durch das Inntal oder über den Seefelder Sattel genommen. Der erste Mensch, der freiwillig ins Karwendel ging, war Hermann von Barth.

Der Ritter, am 5. Juni 1843 als ältester Sohn des königlich bayerischen Kämmerers Anton Freiherr von Barth zu Harmating geboren, sollte eigentlich in den Dienst des Königs treten, wie es in seiner Familie seit jeher Brauch war. Er studierte in München Jura, trat einer Studentenverbindung bei, bewies auf Fechtböden und in Bierschwemmen seine Männlichkeit und, indem er mit 22 Jahren ein Prädikatsexamen ablegte, seine Intelligenz. Danach begab er sich in die Provinz, um an den königlichen Landgerichten die vorgeschriebenen Rechtspraktika zu absolvieren. Doch auf der zweiten Station seiner praktischen Laufbahn, in Berchtesgaden, geriet der hoffnungsvolle Jurist auf Abwege. Er ließ sich von einem Schuster ein Paar genagelter Bergschuhe anfertigen und machte sich in seiner Freizeit auf, den Watzmann und die anderen Gipfel rund um den Königssee zu besteigen. Mit der ihm eigenen Energie erklomm er 69 in einem Jahr, zehn davon als erster. Das trug ihm den Spitznahmen «Bergpraktikant» ein.

Der Bergpraktikant

In den folgenden Jahren richtete es Barth so ein, daß seine Einsatzorte stets in der Nähe seiner geliebten Berge lagen. Nach den Berchtesgadener durchwanderte er die Allgäuer Alpen, das Wetterstein-Gebirge und erlangte einige Berühmtheit durch die Erstbesteigung der mittleren Dreitorspitze oberhalb von Mittenwald. 1870 erkundete er das Karwendel, vor dem ich jetzt stehe, wo er im Alleingang 88 Gipfel bestieg, wiederum viele davon als erster.

Um diese Pioniertaten würdigen zu können, muß man wissen, daß Bergsteigen ohne Führer damals als leichtsinniger Frevel an Leib und Leben galt. Wer seinerzeit in die Berge ging, machte geführte Gletschertouren am Seil. Aber weil Barth es wenig reizvoll fand, «wie ein Kalb an einem Stricke von einem Schneebuckel zum andern geschleift zu werden», zog er die einsamen Felsgebirge der nördlichen Alpen vor, auch wenn diese «des Schönen um so viel weniger bieten, um so vieles mehr sie die Mühen verlängern».

In seinem Buch «Aus den nördlichen Kalkalpen», das 1874 erschien – die erste gründliche Beschreibung der Berge zwischen Bad Reichenhall und Lindau –, erzählt Barth, warum ihn gerade dieser Teil der Alpen so anzog, obwohl er dem Bergsteiger bloß «lange Aufstiege durch den Wald» beschert, auf Pfaden, die sich «an struppigen Gehängen» verlieren, wo er «der Legföhren schwarzgrüne Dickung» überwinden muß und «der Tritt sich mühselig aufwärts arbeitet im weichenden Geschiebe». Die Kalkalpen haben gegenüber den vergletscherten Gebirgen einen wesentlichen Vorzug:

Weil es selbst unter den Einheimischen weit und breit keine Führer gibt, die sich darin auskennen, «vermag der Alpenwanderer allein auf sein eigenes Können gestützt ihren Firsten zu nahen, und dem, der dies vermag, eröffnet sich das Allerheiligste ihres Tempels. Preiset nicht das begeisterte Wort kühner Hochgebirgsdurchforscher das Ersteigen seiner Gipfel als die Bethätigung der Ueberlegenheit menschlicher Kunst, menschlicher Kraft, gelenkt von selbstbewusstem Willen, über den starren Widerstand der Materie, als Besiegelung der Herrschaft des Menschen im ganzen Reiche der Natur? Wo möchte diese Ueberlegenheit schärfer zum Ausdrucke gelangen, wo möchte Siegesfreude und Siegeszuversicht gewaltiger emporlodern als da, wo der einzelne Mensch allein für sich den Kampf besteht, das Ganze des Erfolges durch eigenes Thun errungen hat?»

So fremd uns heute dieses Pathos ist, dieser Fortschrittsglaube und Beherrschungsdrang, die Barth freilich mit seiner Zeit teilte, so sehr bewundere ich ihn dafür, daß er konsequent seinen Weg ging. Und für die wissenschaftliche Gründlichkeit, mit der er seiner Leidenschaft folgte.

In den Wintermonaten, in denen er nicht bergsteigen konnte, besuchte Barth in München geologische Vorlesungen und arbeitete im gerade erst gegründeten Alpenverein mit. Darunter litt seine juristische Karriere. Inzwischen war er «Akzessist zur Kgl. Regierung für Schwaben und Neuburg an deren Sitz Augsburg» geworden. Nach wiederholten Konflikten mit seinen Vorgesetzten schied er Ende 1873 aus dem Staatsdienst aus, um wieder das Studium aufzunehmen, diesmal das der Naturwissenschaften. Barth hatte sich ein neues, ferneres Ziel gesetzt: Afrika.

Die Reisen des schottischen Missionars David Livingstone lagen damals wenige Jahre zurück, und das europäische Publikum wartete gespannt auf neue Entdeckungen. Nachdem sich Pläne für eine Expedition der «Deutschen Afrikanischen Gesellschaft zu Berlin» an die afrikanische Westküste, an der Barth als Geologe hätte teilnehmen sollen, zerschlagen hatten, gelang es ihm, von der portugiesischen Regierung den Auftrag zur Leitung einer Expedition nach Angola zu erhalten. Im Jahr 1876 schiffte er sich in Hamburg nach Lissabon ein und fuhr dann weiter über die Kapverdischen Inseln nach San Paolo de Loanda, dem heutigen Luanda. Im Juli unternahm er seine erste Expedition ins Landesinnere, von der er Ende Oktober fieberkrank zurückkehrte.

Am 7. Dezember 1876 setzte sich Hermann von Barth, 31jährig, im Fieberwahn die Pistole auf die Brust und beendete sein Leben mit einem Schuß ins Herz. Er ist in Kabinda bei Luanda begraben. Als ich auf dem Rißsattel stehe und in das Karwendel blicke, widme ich ihm ein ehrendes Gedenken. Verdanken wir doch seinen Pioniertaten, daß diese Berge ihren mittelalterlichen Schrecken verloren haben und ich mich auf ihre Überschreitung freuen darf wie ein Schneekönig.

Durch die nördlichen Kalkalpen

Siebenhundert Meter weiter unten fließt die Isar vorbei. Der Rißbach, der sich dort, aus dem Karwendel kommend, mit ihr vereint, ist zu dieser Jahreszeit ein breites Kiesfeld. Sein Wasser wird weiter oben abgezweigt und in einem Tunnel zum Walchenseekraftwerk abgelenkt. Neben dem Rißbach führt eine kleine Asphaltstraße ins Gebirge, der ich folge, bis mir der Autoverkehr zuviel wird. Die Straße hat keinen Seitenstreifen, und jetzt, gegen Abend, fahren die Ausflügler in Scharen aus den Bergen nach Hause.

Auf der anderen Seite des Baches öffnet sich ein Tal. Es müßte zu einem Übergang führen, den ich von einer früheren Wanderung kenne: die Bäralpl-Scharte. Also verlasse ich frohgemut die Straße bei einem Wirtshaus, dessen Gäste teilnahmslos von der Terrasse herüberglotzen, überquere das Kiesbett und klettere auf der anderen Seite einen Hang hinauf. Bald verirre ich mich zwischen den Ästen verdorrter Tannen, die mir ins Gesicht schlagen. Schon will ich entnervt umkehren, als ich auf einen grasüberwachsenen Pfad stoße, der einen Kamm hinaufführt und in eine Forststraße mündet. Mir bleibt kaum Zeit aufzuatmen, denn oben lauert eine Armee von Bremsen, die geschlossen angreift. Wie wild schlage ich auf Arme und Beine und schaffe es, ein paar der Blutsauger unschädlich zu machen, aber sofort stürzen sich die nächsten auf mich. Unter ständigen Schlägen auf Schenkel, Arme und Nacken – «die totale Kasteiung» – gehe ich auf der Forststraße weiter, das Tal hinauf. Als ich mich auf einer Almwiese niederlasse, zähle ich allein in der rechten Wade ein Dutzend pfenniggroßer Einstiche. Dennoch schlafe ich heute schneller ein.

Um halb fünf hat der Mond einen Hof, und im Osten ist

Dämmerung zu erahnen. Ich packe schnell ein und wandere in den immer prachtvoller werdenden Morgen, den ich ganz für mich habe. Die Kalkwände des Soiernmassivs und der nördlichen Karwendelkette glühen orangerot in der Morgensonne, blaßblau und wolkenlos strahlt der Himmel. Bald dringen die ersten Sonnenstrahlen durch die Bäume, streicheln den Weg und den Wanderer, der mit seinem Stock und Hut in der Hand einen langen schmalen Schatten wirft, den Schatten eines prähistorischen Läufers.

Es ist immer noch früh am Tag, als ich unterhalb der Bäralpl-Scharte stehe. Der Weg endet vor einem steilen Hang mit lockerem Geröll, das beim Gehen unter den Füßen wegrutscht. Nur mit großer Anstrengung erreiche ich die Felswand und klammere mich an sie, während unter mir einige Schubkarrenladungen Schotter den Hang hinunterkullern. Der Steig, der zur Scharte hinaufführt, ist nirgends zu sehen, er muß sich weiter rechts befinden. Da es mir zu mühselig ist, mich durch das Geröll bis zum Anfang des Steigs vorzuarbeiten, beschließe ich zu klettern.

Die ersten Meter schaffe ich ohne Mühe, trotz des sperrigen Rucksacks. Dann komme ich an eine Stufe, die sich nur überwinden läßt, indem ich ihn abnehme und hinaufwerfe, hoffend, daß er liegenbleibt und nicht auf mich fällt. Er fällt nicht. Ich klettere hinterher und ziehe mich über die Kante. Inzwischen habe ich einige Meter unter mir gelassen und kann über mir schon die überhängenden Grassoden sehen, die mir die Nähe des Steiges anzeigen. Doch nun stecke ich fest. Rechts ein felsiger Überhang, links eine glatte Wölbung ohne Griffe. Was tun? Umkehren? Der Blick nach unten ist alles andere als ermutigend. Abwärts zu klettern ist viel schwieriger als aufwärts, zumal ohne Sicherung. Ich spüre, wie Mut und Kräfte nachlassen, und fange an, mich für meinen Leichtsinn zu verfluchen.

Da sehe ich, daß die Spalte zwischen dem Überhang und der Wölbung schmaler ist als ich lang bin. Ich spanne mich ein, die Füße auf der einen, die Hände auf der anderen Seite, und arbeite mich stückweise hoch. Gerade als die Spalte zu breit wird, ertaste ich eine Vertiefung, an der ich mich festhalten und hinüberziehen kann. Aber noch bin ich nicht gerettet. Vom Steig trennt mich ein runder Buckel, fünf, sechs Meter Felsen mit Erde und Grasbüscheln, ein tückischer Untergrund, auf dem man leicht abrutschen kann. Auf allen Vieren krabbele ich hinauf, mache mich so platt wie möglich, um nicht durch das Gewicht des Rucksacks nach hinten gezogen zu werden. Als ich endlich den sicheren Steig erklommen habe, bin ich naßgeschwitzt, die Knie wackeln, und im Kreuz spüre ich einen stechenden Schmerz. Das ist die Quittung, schimpfe ich mit mir, für diese unnötige Vergeudung deiner Kräfte.

Achtung Staatsgrenze

Zum Glück ist der Rest ein Kinderspiel. Der breite, mit einem Stahlseil gesicherte Steig überquert nach wenigen Minuten das Bäralpl und damit die Staatsgrenze nach Österreich. Nach einem zweistündigen Marsch durch ein Feld von Latschenkiefern, die in der Mittagssonne einen ätherischen Duft verströmen, stehe ich vor dem Karwendelhaus, einem alpinistischen Großbetrieb, der strategisch günstig zwischen den steilen Karwendel-Hauptkämmen liegt, genau an der Stelle, wo sich die Routen der Wanderer mit denen der Mountainbiker kreuzen. Jetzt, zur Mittagszeit, haben die Hüttenwirte in der Gaststube alle Hände voll zu tun. Ich setze mich auf die Terrasse und warte zwischen Herrenrunden in neonbunter Radfahrbekleidung darauf, daß ich ins Lager hinauf darf.

Das Lager befindet sich ganz oben unter dem Dachfirst und erstreckt sich über die gesamte Länge des Gebäudes. Nur im schmalen Gang in der Mitte kann man aufrecht stehen. Rechts und links davon liegen, Ritze an Ritze, die Matratzen. Je eine braune gefaltete Wolldecke und ein kleines rotweißkariertes Kissen zeigen den Platz an, der jedem Gast zur Verfügung steht. Da es noch früh am Tag ist, kann ich mir ein Plätzchen in der Nähe des Giebels aussuchen, nahe am Fenster und möglichst weit weg von der Tür. Im Laufe des Nachmittags trudeln wohl hundert Leute ein und machen es sich, so gut es geht, unter den Dachschrägen bequem. Rucksäcke, Kletterseile und anderes Equipment stapeln sich auf dem Gang, der bald kaum mehr passierbar ist. Zwischen den Balken des Dachstuhls werden Leinen gespannt, an denen durchgeschwitzte Funktionswäsche und Socken ausdünsten. Geschäftige Unruhe füllt den Raum. Manche liegen auch bloß da, wie ich, und verdämmern den Nachmittag in lustvoller Erschöpfung.

Am Morgen bin ich wieder sehr früh wach. Neben mir schnarcht einer, daß sich die Balken biegen. Ohropax oder Aufstehen? Ohropax habe ich nicht, also quäle ich mich aus dem Schlafsack, raffe meine Sachen zusammen und gehe hinunter in den holzvertäfelten Flur, den eine Funzel spärlich erhellt. An den Wänden hängen Schwarzweißfotos und Gemälde mit alpinen Sujets, über einer Tür ein handgemaltes Schild: «Reservierte Trinkstube des Männer-Turn-Vereins München». Der Verein hat das Karwendelhaus vor gut hundert Jahren errichtet.

Die Treppe knarzt. Zwei Burschen kommen herunter und setzen sich zu mir auf die Bank. Wir wechseln ein paar Worte und stellen fest, daß wir heute dasselbe Ziel haben. Nachdem unsere Habseligkeiten sortiert und die Stiefel geschnürt sind, verlassen wir gemeinsam die Hütte und suchen in Finsternis und strömendem Regen den Pfad hinauf in das berüchtigte «Schlauchkar». Vor uns liegen neunhundert Höhenmeter Aufstieg über Stein und Geröll.

Im Schlauchkar zeigt sich das Karwendel als das, was es im Grunde ist: ein gewaltiger Schutthaufen, zusammengesetzt aus den Schalen toter Muscheln, die sich in Jahrmillionen aufgehäuft haben und von den Kontinentalplatten emporgedrückt wurden. Die Tritte, die andere vor uns in das Geröll getreten haben, hat der Platzregen weggespült, und wir müssen aufpassen, daß wir nicht mit dem ganzen Schotter den Hang hinabsausen. Oben geht es etwas besser, da liegt noch Schnee, viel Schnee für diese Jahreszeit. Er ist weich, so daß wir mit den Stiefeln bequem Stufen hineintreten können.

Trotz der widrigen Umstände stehen wir nach zwei Stunden auf dem windigen Sattel. Links von uns hüllt sich die Birkarspitze schamhaft in Wolken. Immerhin hat der Regen aufgehört. Wir sind sehr froh darüber, denn das schwierigere Stück liegt noch vor oder vielmehr unter uns: 1500 Meter Abstieg, zuerst durch regennasse Felsrinnen, die mit einem zerschlissenen Stahlseil mehr schlecht als recht gesichert sind und in denen man sehr aufpassen muß, keine Steine loszutreten. Zum Glück sind wir die einzigen, die zu dieser frühen Stunde hier herumkraxeln. Danach schlittern wir auf endlosen Geröllhalden zum Talboden. Von hier unten sieht es aus, als würden wir in einem gewaltigen Kessel stehen, der von jahrelanger Benutzung dunkel und rissig geworden ist und an dessen Rand Schneefelder kleben wie Reste eines Breis, die man vergessen hat abzuwischen.

Während der Mittagsrast, im breiten, wasserlosen Kiesbett der oberen Isar, erfahre ich mehr über meine Kameraden. Simon, ein schlanker dunkelhaariger Junge, hat seinen Zivildienst beendet und nutzt die Zeit bis zum Gemanistikstudium, um von seinem Heimatort Penzberg nach Venedig zu gehen. Sein Freund, der einen Kinnbart trägt und ein T-Shirt mit der Aufschrift «Naturwissenschaften? Cool!», ist Chemielaborant bei Roche und begleitet ihn für ein paar Tage.

Simon besitzt den bayerischen Humor eines Gerhard Polt. Mit unbewegter Miene erzählt er scheinbar banale

Geschichten, deren abgründige Komik sich mir erst nach einer Weile erschließt. Nachdem wir das Hallerangerhaus erreicht haben, das am oberen Rand des Tals, nahe bei den Isarquellen, in einem Föhrenhain liegt, verbringen wir auch den Nachmittag zusammen und amüsieren uns nicht wenig über die anderen Wanderer, die nach und nach, im Schweiße ihres Angesichts, bei der Hütte eintreffen. Als ich am nächsten Morgen aufbreche, muss ich zu meinem Bedauern feststellen, daß meine Kameraden von gestern noch nicht auf sind.

Zweites Buch

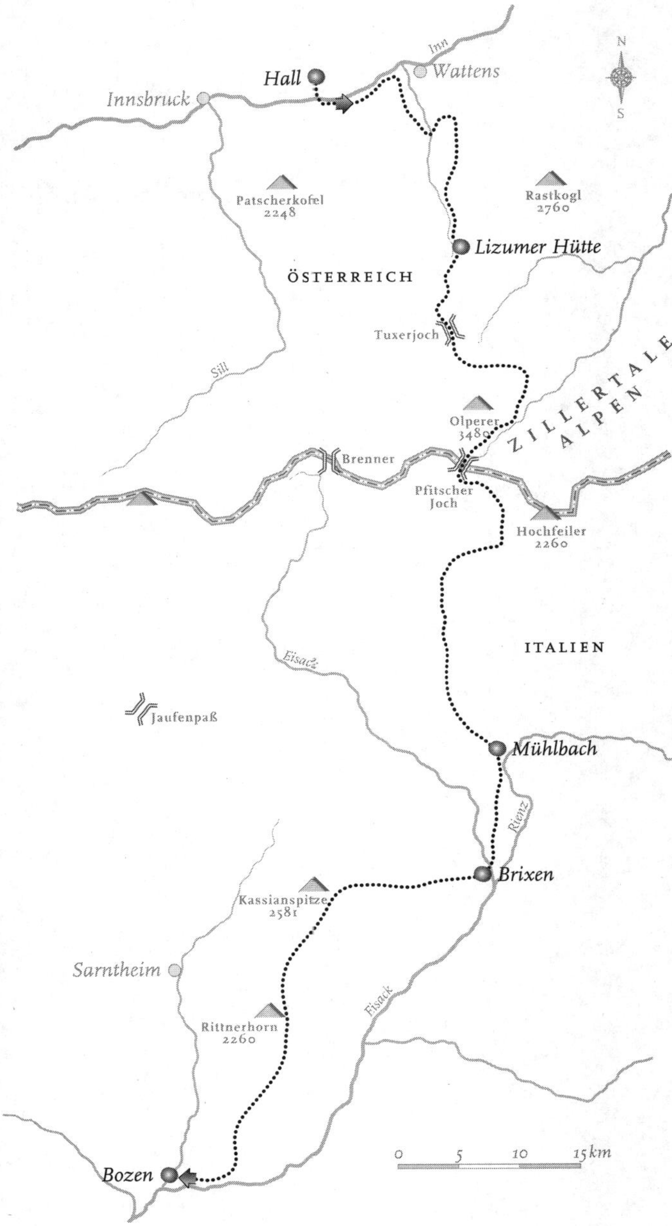

Inn
Hall
Wattens
Innsbruck
N
S
Patscherkofel
2248
Rastkogl
2760
Lizumer Hütte
ÖSTERREICH
Tuxerjoch
ZILLERTALER
ALPEN
Sill
Olperer
3480
Brenner
Pfitscher
Joch
Hochfeiler
2260
ITALIEN
Eisack
Jaufenpaß
Mühlbach
Rienz
Brixen
Kassianspitze
2581
Sarntheim
Rittnerhorn
2260
Eisack
0
5
10
15 km
Bozen

Vom Hallerangerhaus nach Hall ist es ein langer Abstieg, zuerst über das Lafatscher Joch, dann das Halltal hinunter, wo im Mittelalter das Salz aus dem Berg geholt wurde, und die endlos gerade Salzbergstraße hinab, die durch ein modernes Gewerbegebiet ins Zentrum hinunterführt.

Im Mittelalter war Hall eine bedeutende Stadt. Nach den Tagen im zivilisationsfernen Karwendel kommt sie auch mir bedeutend vor. Die Altstadt wirkt herausgeputzt: schmale, verwinkelte Gassen, massive, schiefe Häuser, kleine Geschäfte, die Stände eines Ökomarkts, die Betriebsamkeit des Samstagvormittags. In einer Apotheke kaufe ich Salbe für das rechte Bein, das immer noch periodisch schmerzt. Danach suche ich die Touristen-Information auf, um mich nach einer Unterkunft zu erkundigen. Die Angestellte, eine freundliche Dame jenseits der Fünfzig, fragt mich, ob ich nach Venedig gehe. Nein, nach Rom. «Da haben Sie ja einen Heiligenschein, wenn Sie ankommen!», ruft sie lachend.

Ich fühle mich mißverstanden. Soll ich der Frau erklären, daß ein aufgeklärter Mensch nicht an die Kraft von Apostelreliquien glaubt? Daß Rom mehr ist als der Sitz des Papstes? Allerdings ist Pilgern eine Geste der Demut, insofern hat es durchaus etwas Religiöses. Wer zu Fuß geht, stellt sich auf eine Stufe mit dem Anderen, bewegt sich auf Augenhöhe mit der Welt. Oder wie der brave Seume es ausdrückt: «Wo alles zu viel fährt, geht alles sehr schlecht: man sehe sich nur um! So wie man im Wagen sitzt, hat man sich sogleich einige Grade von der ursprünglichen Humanität entfernt. Man kann niemand mehr fest und rein ins Angesicht sehen, wie man soll: man thut nothwendig zu viel, oder zu wenig.

Fahren zeigt Ohnmacht, Gehen Kraft.» Wie Seume bin ich der Meinung, daß alles besser gehen würde, wenn man mehr ginge. Aber soll ich das der Frau in der Touristen-Information erklären?

Stattdessen beeile ich mich, zum Bahnhof zu kommen. Dort trifft gleich Klara ein. Sie will mich für zwei Wochen begleiten. Darauf freue ich mich schon. Nachdem wir uns in die Arme geschlossen haben, packen wir einen Teil des Proviants, den Klara mitgebracht hat, in meinen Rucksack. Dann suchen wir unseren Weg über den Inn, hinauf ins Wattental.

Einen Fußweg von München nach Rom zu finden, ist nicht so einfach. Nach einigem Suchen war ich auf eine alte Karte gestoßen, die Erhard Etzlaub aus Nürnberg im Jahr 1500 für deutsche Pilger gedruckt hatte. Rom liegt auf der Karte oben, in Marschrichtung also. Berge und Flüsse sind eingezeichnet, Städte als kleine Kreise, die mit gepunkteten Linien verbunden sind: die Pilgerrouten. Eine geht nahe an München vorbei, über «Lantzhut, Dorfen, Rosenhain» und weiter über «Kopstein, Hal, Ysspruck, Sterzing» nach «Pozen». Autofahrer werden feststellen, daß sich an dieser Route nicht viel geändert hat. Aber für Fußgänger ist sie leider nicht mehr geeignet. Wir müssen vor den Autos ins Gebirge ausweichen, so wie andere bedrohte Spezies, die hier ihren Rückzugsraum haben.

Die Population der Fernwanderer hat sich freilich in den letzten Jahren erholt. Zu Fuß oder per Fahrrad die Alpen zu überqueren ist eine beliebte Urlaubsaktivität geworden. Besonders populär ist der sogenannte «Traumpfad» von München nach Venedig. Der bayerische Gartenbauingenieur Ludwig Grassler hat diesen Weg, nach mehreren vergeblichen Anläufen, im Jahr 1974 gefunden und in diversen Büchern bekanntgemacht. Man geht den «Traumpfad» vorzugsweise im August und benötigt dafür im Schnitt vier Wochen. Inzwischen hat er eine richtige Fangemeinde, eine Community samt Internetforum und jährlichen Wiedersehenstreffen.

An Grasslers transalpine Route wollen auch Klara und ich uns zunächst halten. Wir steigen über einen breiten Bergrücken, an wohlhabenden Bauernhöfen vorbei, und erreichen den Wald. Es beginnt zu nieseln. Auf einer engen Forststraße kommen uns auffällig viele Autos entgegen. Bald erfahren wir, warum. Auf der Wiese beim Gasthof Säge findet heute nachmittag ein «Feuerwehr-Bewerb» statt.

Als wir am Ort des Wettkampfes eintreffen, hat sich die Freiwillige Feuerwehr aus Tulfes schon in Reih und Glied aufgestellt. Die Männer tragen Aluminiumhelme, die aussehen wie Landsknechtshauben, und über schlecht sitzenden olivgrünen Uniformen enge bunte Leibchen mit großen Ziffern darauf. Eine Gruppe von Funktionären mit dekorierter Brust schreitet heran und baut sich vor der Mannschaft auf. Die Männer nehmen Haltung an und salutieren. Einer tritt vor, empfängt eine Order und tritt zurück ins Glied. Ein Pfiff ertönt, und die Behelmten rennen wieselflink zu Schläuchen, die auf der Wiese bereitliegen, rollen sie aus, schrauben sie zusammen, schließen sie an eine große Dieselpumpe. Jeder Handgriff sitzt. Einer ruft: Wasser marsch! Zwei dicke Strahle treffen zwei Heubündel, die am Ende der Wiese aufgestellt sind. Das Publikum neben uns am Zaun – Feuerwehrmänner mit Plastikbechern voll Bier in den Händen, aufgestylte Dorfschönheiten, viele Kinder – applaudiert.

Weil die «Säge» kein Zimmer frei hat, gehen wir auf der anderen Talseite ein Stück zurück zur «Mühle». Von der Straße aus wirkt die «Mühle» wie ein uriges Wirtshaus aus verwittertem Holz. Hinter dieser Fassade verbirgt sich ein Siebziger-Jahre-Bau mit ein paar Fremdenzimmern und einem riesigen Festsaal, den wir beim Frühstück am nächsten Morgen für uns allein haben. Aus dem Radio tönt Gute-Laune-Musik. Ein hünenhafter Mann in schokoladenbrauner Uniform kommt die Treppe herunter. Ich erkenne den Wirt, weil im Treppenhaus, zwischen Jagdtrophäen, ein Foto von ihm hängt. Auf dem Foto ist er ein paar Jahre jünger und etwas dünner, trägt eine Pelzmütze und hält ein Gewehr in der Hand. Darunter steht: «Die Natur ist hart, der Wirt ist härter.» Der Wirt ist auf dem Weg zum Festgottesdienst. Von ihm erfahren wir, daß die Freiwillige Feuerwehr Tulfes, die wir gestern in Aktion sahen, den Wettbewerb gewonnen hat. Und wir waren dabei. Das macht uns irgendwie stolz.

Am Mittag, sechshundert Höhenmeter weiter oben, geraten wir vor der Lizumer Hütte in die nächste Festlichkeit. Die Bauern feiern ihr jährliches Almfest mit Berggottesdienst, Blasmusik und gewaltigen Schnitzeltellern.

In der Wattener Lizum koexistieren Landwirtschaft und Tourismus friedlich mit dem österreichischen Bundesheer, das hier, in dem breiten, von Gipfeln umstellten Hochtal, einen Truppenübungsplatz betreibt. Wer zur Alpenvereinshütte will, muß an langgestreckten Kasernengebäuden vorbei. Manchmal werden Schießübungen abgehalten, dann sind Teile der Lizum gesperrt. Aber heute, am Sonntag, schweigen die Waffen.

Kurz nach der Ankunft erlebe ich eine freudige Überraschung: Simon biegt um die Ecke der Hütte, mein Weggefährte im Karwendel. Nach und nach treffen weitere schwerbepackte Wanderer ein. Es sind Grasslers Jünger, die auf dem «Traumpfad» wandeln. Für uns wird es nun brenzlig, denn die Venedigfahrer stürzen sich in Scharen auf die Schlafplätze der Hütte. Man merkt, daß sie bereits im Verteilungskampf geübt sind. Mit etwas Dreistigkeit gelingt es mir gerade noch, für Klara und mich eine Zweierkoje zu ergattern.

Von hier aus kann ich bequem die Szene belauschen: Gespräche über Blasenpflaster, Fußbalsame, Tageskilometer, und – das große Thema – wo man für die nächsten Tage noch Quartiere reservieren kann. Die meisten Venedigfahrer dürften Studenten oder Rentner sein. Eine Frau berichtet stolz, daß sie in Hall wegen ihrer Blasen im Krankenhaus war. Fremde lernen sich näher kennen: «Wo kommst du her?» – «Aus Wilmersdorf. Und du?» – «Vom Prenzlauer Berg.» Von unten klingt die Blasmusik herauf, die vor einem heraufziehenden Gewitter in die Gaststube geflohen ist. Die Musik bringt die Holzkoje sanft zum Schwingen und wiegt mich in den Nachmittagsschlaf.

Am Morgen ist Simon wieder mit von der Partie. Wir wundern uns, daß niemand sonst beim Sonnenaufgang die Hütte verläßt, denn in diesen ersten Stunden des Tages, wenn die Matten vom Tau glänzen, wenn rötliche Flammen um die grauen Gewölke streifen und die Gipfel in helle Glut tauchen, sind die Berge am erhabensten. In diesen Momenten, bevor der Tag seine Schwingen ausbreitet, bevor er mächtig und stolz wird, ist der Mensch allein mit dem, was lange vor ihm begann. Still und andächtig gehen wir, einer hinter dem anderen, den steilen Pfad hinauf.

Bella Bimba

Wer aus den nördlichen Kalkalpen kommt, ihre schroffen Zacken und zerklüfteten Flanken kennt, den lassen die sanften Formen der Zentralalpen, das wohltuend saftige Grün der Wiesen, das sich weit an den runden Rücken hinaufzieht, und ihre großzügige Weite staunen. Um sieben Uhr stehen wir auf dem Pluderlingsattel, 2743 Meter über Seehöhe, und schauen atemlos über das wogende Meer graugrüner Täler vor uns, hinter dem, fern am südwestlichen Horizont, eine lange Bergkette aufragt wie die Gestade eines fremden, noch unbenannten Kontinents. Hundert Meter unter uns glänzt, dunkel vor sich hinschweigend, der Junssee, und zu unserer Linken ruht, weiß und massig, der Olperer mit seinem Gletscher, das Ziel des heutigen Tages.

Der Gletscher ist ein Patient, der unter der Erderwärmung leidet und in langsamer Agonie dahinschmilzt. Seine Oberfläche ist mit Seilbahnmasten gespickt wie mit Akupunkturnadeln, die seinen Schmerz lindern sollen. Aber je näher wir herankommen, umso deutlicher erkennen wir die Wunden, die der Skitourismus in den Berg geschlagen hat:

häßliche Liftanlagen mit Plexiglasgondeln, breite Fahrstraßen, erodierte Hänge und auf dem Talboden ein großer Gebäudekomplex mit Tausenden von Parkplätzen, der mir beim letzten Besuch, zur Skisaison, nicht so deplaziert vorkam wie jetzt. Unimogs kriechen den Berg herauf, Hubschrauber fliegen klappernd hin und her. Sie schaffen Investitionen für die nächste Saison und sichern damit den Wohlstand des Tuxer Tals, das eine der ärmsten Gegenden Tirols war, bevor Skifahren zum Breitensport wurde.

Am oberen Rand des Gletschers liegt das Spannagelhaus. Im Winter kehren hier Skifahrer ein, um sich bei Jaga-Tee und Germknödeln aufzuwärmen, im Sommer kommen Wanderer und Höhlenforscher und besichtigen die gleichnamige Höhle, deren Eingang sich unter dem Haus befindet und die sich kilometerweit ins Urgestein der Zentralalpen erstreckt. Über Hütte und Höhle regierte dreißig Jahre lang der Spannagel-Sepp. Jetzt ist er tot, am 15. Juli 2003 im 55. Lebensjahr nach langem Leiden in seiner Wirkungsstätte verstorben, wie ein Gedenkbildchen an der holzgetäfelten Wand der Gaststube mitteilt.

Wir sind nur wenige Übernachtungsgäste, Gestrandete des alpinen Sommertourismus: zwei Frauen aus dem Chiemgau, die wie wir vor den Horden der Venedigfahrer geflohen sind, ein Tisch mit fünf Halbwüchsigen, die literweise Bier in sich hineinschütten und eine Zigarette an der anderen anzünden, und eine Gruppe blonder Studentinnen um einen männlichen Begleiter. Wir taufen ihn den Hippie-Alpinisten, weil er mit bloßem Oberkörper, Afromähne, Haifischzahn-Halskette und, nach eigenem Bekunden, einer Hängematte und einigen Litern Sangria im Rucksack den Berg heraufkam.

Als die Schlager-CD ihre zweite Runde dreht, bleibt sie hängen, just in dem Moment, als Bibi Johns das Hochzeitsglück der «Bella Bimba» besingt. Nach zehn endlosen Minuten kommt der Wirt aus der Küche, wirft uns einen verschmitzten Blick zu: «Das ist Alpenrap!», und wechselt die

CD aus. Der Nachfolger vom Spannagel-Sepp meistert die Situation höflich und souverän. Er ist allein und hat alle Hände voll zu tun, unsere hungrigen Mäuler zu stopfen. Nachdem Kaiserschmarrn, Spaghetti und Hauswurst mit Kraut und Knödeln verspeist sind, geht der Abend unter träge dahinstolpernden Gesprächen über Trekking in Nepal seinem Ende entgegen. Die Erwartungen richten sich auf den morgigen Tag, an dem wir den mit 2904 Metern höchsten Punkt der Reise erreichen werden, die Friesenbergscharte.

Überschreitung

Mitten in der Nacht weckt mich das Tosen des Gletscherbaches, das durch das geöffnete Dachfenster dringt und jetzt, in der Dunkelheit, noch gewaltiger klingt als am Tag. Das Geräusch fließenden Wassers ist die Begleitmusik des Wanderns in den Bergen, aber nicht immer klingt sie so bombastisch. Manchmal vernimmt man das Murmeln eines Bächleins erst, wenn man um eine Felskante biegt, oder das Rieseln eines Rinnsals unter dem Geröll, wenn man darüber geht. Andere Bäche füllen ganze Täler mit ihrem Rauschen. Sie brausen im tiefen Grund dahin, verweilen gurgelnd in blaugrünen Gumpen, donnern pfeilschnell durch eine Klamm, stürzen über Felskanten hinab als schlanke Katarakte, deren lässiges Platschen an den Felswänden widerhallt, und sammeln sich vorübergehend in stillen Seen. Unzählige Kapillaren und Äderchen durchziehen das Gebirge, vereinigen sich unter dem Gesetz der Schwerkraft zu Venen und Aorten, zu immer breiteren Flüssen, und verwandeln es in einen lebendigen Organismus.

Die Gelehrten sagen, daß die Alpen – wie alles Leben – vor zig Millionen Jahren dem Meer entstiegen sind, einem Urmeer, dem sie den mythischen Namen Tethys gaben. Von der Titanin Tethys, Tochter des Himmels und der Erde, die mit ihrem Bruder Oceanus die Flüsse gezeugt haben soll, die Flüsse, die das Wasser aus den Bergen ins Meer tragen. So kehrt alles an seinen Ursprung zurück. In Gedanken an diesen ewigen Kreislauf sinke ich wieder in den Schlaf und werde erst wach, als der Wecker am Handgelenk piept.

 Unten im Vorraum des Spannagelhauses spielt sich die inzwischen gewohnte Szene ab. Wir hocken wortkarg und etwas mürrisch zwischen leeren Getränkekästen und Regalen mit geparkten Wanderschuhen, die einen strengen Geruch verströmen. Gegen die morgendliche Kälte haben wir unsere Fleece-Jacken übergeworfen. Der elektrische Strom ist abgestellt, und so frühstücken wir im Schein der Stirnlampen bröseliges Vollkornbrot mit Erdnußbutter und Marmelade. Zu trinken gibt es eine in Wasser aufgelöste Vitamintablette. Damit sind wir gerüstet für die 400 Höhenmeter, die fehlen bis zur Friesenbergscharte.

Simon marschiert wie immer voran, dicht gefolgt von Klara. Schon bald sehe ich die beiden hoch über mir vor der aufgehenden Sonne, Figuren eines winzigen chinesischen Schattenspiels, die mit ihren Teleskopstöcken über Felsen und Firn balancieren. In der Morgensonne leuchten die Steine – über die wir stellenweise mehr klettern als gehen – in bunten Farben, mal kristallin weiß mit schwarzen Maserungen, mal metallisch grün oder rot, dazwischen dominiert grau in allen Schattierungen und Schraffierungen. Unter den Felsbrocken lugen zerzauste gelbe und blaßrosa Blüten hervor, die hier oben zwischen Restgletschern und Schneefeldern einen späten, kurzen Frühling verleben.

Die Friesenbergscharte ist ein schmaler Durchgang im Felsgrat, kaum breiter als ein Mensch. Wir zwängen uns hindurch – und stehen auf der Südseite der Alpen. Ein paar hundert Meter geht es an Stahlseilen den Hang hinab, dann stoßen wir auf den Berliner Höhenweg, der den breiten Rükken des Olperers umrundet. Zu unserer Linken blinkt der Schlegeisspeichersee, dahinter ein metallisch blauer Gletscher, umrahmt von Hochfeiler und Großem Möseler. Über den Kamm, zwischen diesen beiden Zillertaler Giganten, wälzen sich, wie Schaum aus einer überfüllten Badewanne, zähe dickleibige Wolken. Alles ist hell und licht, die mit Flechten bedeckten Felsen leuchten neongrün in der Sonne. Ein kräftiger Wind aus Südwesten trocknet den Schweiß in den Poren.

Die Nacht verbringen wir bereits auf italienischem Staatsgebiet, auf dem Pfitscher Joch. Von der Grenze ist nur noch das ehemalige Kontrollhäuschen zu sehen, das mit Brettern vernagelt ist. Hoheitssymbole sucht man vergebens. Nur der rote Adler Tirols flattert stolz am Mast des Gasthauses.

Entrückung

Wenige Stunden nach dem Pfitscher Joch verlassen wir den «Traumpfad» nach Venedig. Um nicht zu weit von der direkten Route nach Rom abzukommen, müssen wir uns nun westlich halten. Als wir die Abzweigung auf einer Almwiese erreichen, einen schmalen Trampelpfad mit dem Schild «Pfunderer Höhenweg», ist Simon wieder mal außer Sichtweite, und wir können uns nicht mehr verabschieden. Das macht uns traurig, haben wir ihn doch lieb gewonnen in den wenigen Tagen, die wir gemeinsam gewandert sind.

Am übernächsten Tag erreichen wir in Mühlbach das Pustertal und bilden uns ein, schon Mittelmeerluft riechen zu können. Die Landschaft ist ein großer Obstgarten, aus dem Birnen, Äpfel und Zwetschgen auf die Straße hängen. Ein Obstgarten mit regem Autoverkehr. Das sind wir nicht mehr gewohnt. Unter Warnpfiffen eines Lokführers queren wir einen Bahndamm voller Brennesseln, gehen eine Schnellstraße entlang und durch blühende Gewerbegebiete. Wir wollen heute unbedingt nach Brixen, wo ich Ersatz für meine alte Kleinbildkamera zu finden hoffe, die kaputtgegangen ist. Außerdem müssen wir Proviant und eine Wanderkarte kaufen.

Die Besorgungen nehmen fast den ganzen Nachmittag in Anspruch, so daß wir die mittelalterlichen Arkaden der Altstadthäuser, den Dom und seinen Vorplatz, der irgendwie an die osteuropäischen Provinzhauptstädte der Habsburgermonarchie erinnert, nur im Vorbeigehen wahrnehmen.

Lange stehen wir im Supermarkt vor den Regalen und überlegen, was wir uns kaufen sollen. Nach fünf Tagen in der Wildnis ist unser Konsumtrieb auf Entzug. Doch wir müssen ihn im Zaum halten, denn alles, was wir kaufen und nicht gleich verzehren, werden wir schleppen müssen.

Nach dem Einkauf legen wir uns erschöpft auf die Parkbänke im gepflegten Hofgarten, neben ältere Vagabunden, die stoisch ihr tägliches Quantum Wein aus dem Tetrapak trinken, Marke «Tavernello». Vorhin haben wir denselben Wein in den Einkaufswagen gepackt, weil wir unseren Schultern den Luxus einer Glasflasche nicht antun wollten. Aber wir öffnen ihn nicht. Die lange Wanderung, der ungewohnte Autoverkehr, die Einkäufe, die vielen Menschen in der Stadt reichen hin, uns in einen Zustand der Entrückung zu versetzen. Die Welt ist weit weg, versunken hinter den Mauern des Parks, ihre Geräusche und bohrenden Fragen – wo wirst du heute nacht schlafen, Pilger? – dringen nicht mehr in unser Bewußtsein. Unvorstellbar, daß wir jemals von diesen Bänken aufstehen.

Doch irgendwann rückt die Welt wieder heran, in Form schwerer, gewitterschwangerer Wolken, die sich über die Mauern des Brixner Hofgartens schieben und uns aus der Lethargie holen. Die Frau in der Touristen-Information ist hilfsbereit und ruft ein dutzend Pensionen an. Aber Mitte August sind alle ausgebucht, nur ein paar teure Hotels haben noch Zimmer. Die sind nichts für uns. Als Fernwanderer verfügen wir nur über ein beschränktes Budget.

Ich hebe meinen Blick empor zu den Bergen. Woher wird mir Hilfe kommen? Die Berge selbst werden uns diesmal retten. Oder genauer gesagt: der Umstand, daß in Südtirol noch richtige Scheunen stehen, in denen das Heu lose und nicht zu harten Ballen gepreßt aufbewahrt wird, weil die Hanglage der Wiesen den Einsatz der dafür notwendigen Maschinen verhindert. Wir verlassen Brixen in Richtung Westen, überqueren Autobahn und Eisenbahnlinie und klappern die Bauernhöfe oberhalb der Stadt ab.

Die Dunkelheit senkt sich über den Berg. Zwischen uns und dem Waldrand steht noch ein Hof, unsere letzte Hoffnung auf ein schützendes Dach. Und siehe da, die Bäuerin erbarmt sich. Weil ihr Haus bis oben voll ist mit Feriengästen, bietet sie uns die Scheune an. In der Küche stapelt sich ungespültes Geschirr, Kinder und Katzen rennen durcheinander. Mitten in diesem Chaos, im weißgekalkten Flur, steht die kleine schwarzhaarige Frau und gibt Anweisungen auf Deutsch und auf Italienisch, damit jeder Gast seinen Nachtisch kriegt, versucht gleichzeitig am Telefon einem gewissen «Heinz» – offenbar ein Stammgast – mit verzweifelter Mimik klarzumachen, daß sie ihn diese Woche nicht aufnehmen kann, schafft es nebenbei, uns die Dusche zu zeigen und ihren Mann holen zu lassen, damit er uns in die Scheune einweist. Während wir uns im Heu behaglich einrichten, von einer Katze neugierig beschnuppert, beginnt ein schwerer Regen auf das Blechdach zu trommeln.

Ein wandernder Heiland

Im tröpfelnden Regen suchen wir die rotweißen Markierungen des Europäischen Fernwanderwegs 10. Aus dem Pustertal kommend durchquert der E 10 Brixen, schlägt einen Bogen über die Jocherer Almen und den Ritten nach Bozen und verläuft damit ziemlich exakt auf einer alten transalpinen Route. Denn im Mittelalter war die Eisack-Schlucht zwischen Brixen und Bozen, wo sich heute die Autobahn durch Tunnels und Kurven windet, unpassierbar.

Am 22. September 1314 verlieh Graf Heinrich von Tirol dem Bozener Kaufmann Heinrich Kunter und dessen Frau

Kathrein eine Urkunde, die ihm die Anlage eines Weges durch die Schlucht gestattete. Nach dem Bau des Weges sollten die Kunters den Weg instandhalten und dafür von jedem, der ihn passierte, Zoll erheben dürfen. Außerdem sollten sie das Recht haben, entlang des Weges zwei Gasthäuser zu

betreiben. Eine frühe Form der Public-Private-Partnership, die offensichtlich beiden Seiten Vorteile brachte, denn 1328 erneuerte Graf Heinrich das Privileg für die Erben Kunters, der noch während der Bauarbeiten verstorben war. Dank dem «Kuntersweg», wie die neue Passage durch die Schlucht nun genannt wurde, konnten sich die Reisenden die kraft- und zeitraubende Besteigung des Ritten ersparen, so daß in Etzlaubs Karte aus dem Jahr 1500 dieser Umweg schon gar nicht mehr verzeichnet ist.

Wir nehmen den Umweg trotzdem in Kauf, einmal wegen der Autobahn, die den Kuntersweg in Beschlag genommen hat. Außerdem wollen wir es den Pilgern, Kaufleuten und den Kaisern des Hochmittelalters nachtun, die schließlich auch mit ihren Lasten und Gefolgschaften auf den Ritten hinauf mußten. Ob sie Muße hatten, den ästhetischen Reiz dieses Wegabschnitts wahrzunehmen? Als wir höher steigen, hängen tiefe Wolken am Berg. Daher erschrecken wir geradezu, als wir uns einmal umdrehen und plötzlich bedrohlich groß und nah einen Dolomitenkamm hinter uns sehen, wie eine riesige gepanzerte Urzeitechse, die im Schutz von Nacht und Nebel herangekrochen ist und nun in trügerischer Lauerstellung verharrt. Nach und nach ziehen die Wolken fort, und wir kommen in den Genuß einer großartigen Fernsicht.

Von der Terrasse der Heiligkreuzhütte, unseres nächsten Quartiers, lassen sich die gesamten östlichen Dolomiten überblicken. In der Mitte ragt, wie eine Festung Mordors, das Sella-Massiv auf mit dem Piz Boé, rechts dahinter die verschneite Marmolada, drum herum Reihen spitzer Skelett-Gebisse auf Zahnfleisch aus Geröll. Weiter oben, vom Hüttengipfel, sehen wir außerdem die Zillertaler Alpen, von denen wir vor ein paar Tagen gekommen sind, die Stubaier und Ötztaler Alpen, den Ortler und im Süden die Brenta. Jede Berghütte hat so einen Hüttengipfel oder Hausberg in der Nähe. Aber nicht jeder lockt mit einer derart überwältigenden Aussicht wie die knapp 2600 Meter hohe Kassianspitze, die nur eine gemütliche Dreiviertelstunde von der Heiligkreuzhütte entfernt ist.

Diese hat ihren frommen Namen von einer kleinen Kapelle nebenan, in der ein aus tiefdunklem Holz geschnitzter Heiland hängt, auf einem schwarz und gold bemalten Kreuz. Die zierliche neugotische Kapelle, mit 2300 Metern über dem Meer angeblich der höchstgelegene Wallfahrtsort Europas, ist ganz auf das Kruzifix konzentriert, zu dem sie in lichtem Kontrast steht. In ihrer Schlichtheit, mit den weißen Wänden und rot gefärbten Rippen und Diensten, wirkt sie fast norddeutsch-protestantisch.

Ein Einheimischer erzählt uns, daß das Kreuz mit dem Heiland einst von Bauern aus Latzfons nach einem schweren Gewittersturm gefunden wurde. Aus Dankbarkeit, daß sie das Unwetter überstanden hatten, trugen die Bauern es in einer Prozession über Land und suchten einen Platz, wo sie ihm zu Ehren eine Kapelle errichten wollten. Doch an jeder Stelle, die ihnen geeignet schien, sagte die Heilandfigur: «Na, da ned.» Erst als sie an den entlegenen Ort kamen, wo jetzt die Kapelle steht, war der Heiland zufrieden. Einmal im Jahr, Ende Juli, steigen die Bewohner der Gegend herauf, holen das Kruzifix heraus und machen eine Prozession, um den Heiland zu bitten, daß er sie weiterhin von Unwettern verschont.

Drittes Buch

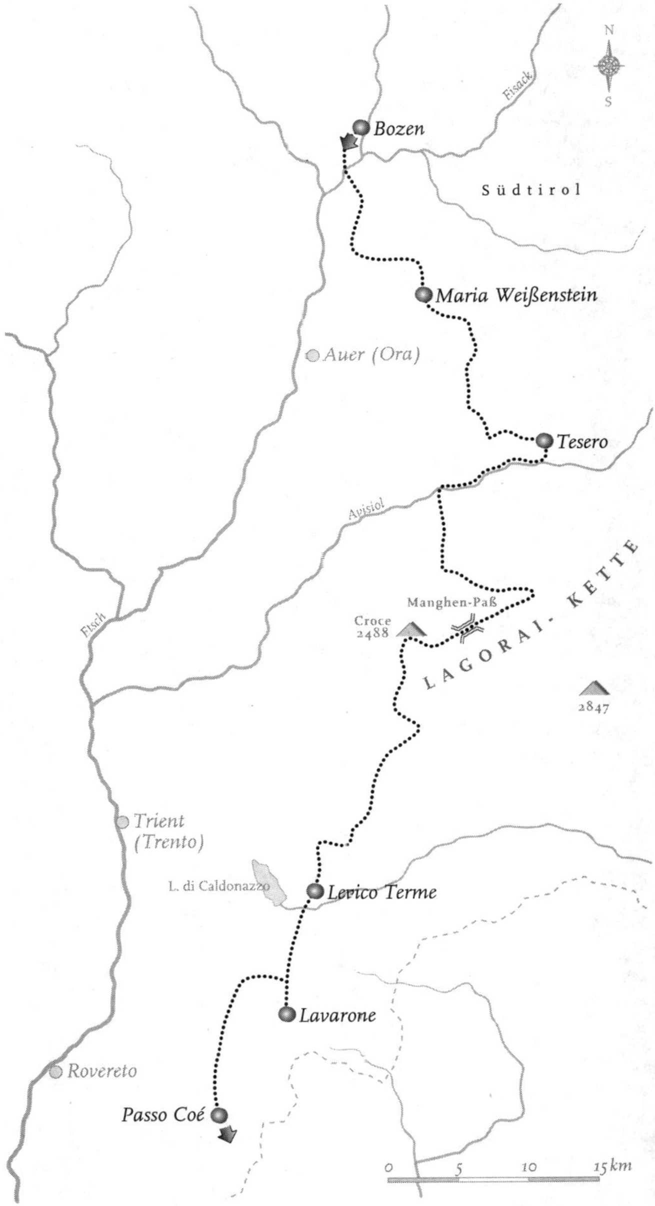

N
S
Eisack
Bozen
Südtirol
Maria Weißenstein
Auer (Ora)
Tesero
Avisio
LAGORAI-KETTE
Manghen-Paß
Croce
2488
2847
Etsch
Trient
(Trento)
L. di Caldonazzo
Levico Terme
Lavarone
Rovereto
Passo Coé
0
5
10
15 km

Auf dem Ritten ist es zugig. Im Gasthaus am Gipfel verkaufen sie Ritter Sport zu zwei Euro die Tafel. In den Wäldern an seinen Hängen finden wir Heidelbeeren und in den Dörfern oberhalb Bozens viele BMWs mit Münchner Kennzeichen. Ein Weinbauer überläßt uns für die Nacht seine Scheune. Das Heu verströmt einen feierlichen Duft. Morgen ist Sonntag und Maria Himmelfahrt. Obwohl ich sonst kein fleißiger Kirchgänger bin, habe ich das Bedürfnis, eine Messe zu besuchen.

Die Franziskanerkirche zu Bozen ist ein heller gotischer Bau mit einem verwunschenen Kreuzgang. Der Pfarrer, der die Messe liest, sieht aus wie der Hollywood-Schauspieler Michael Keaton. Er hält eine philosophisch gewundene Predigt über die Stellung der Gottesmutter in der Hierarchie der göttlichen Mächte. Sein angenehm modulierter Gesang kontrastiert mit den kläglichen Antworten der Gemeinde. Die Reihen sind spärlich besetzt, fast nur mit älteren Leuten. Trotzdem rührt mich das alles an, der uralte Rhythmus der Liturgie, der Gesang des Priesters, die vom Morgenlicht durchflutete Kirche. Für Momente fällt die Anspannung der letzten zwei Wochen von mir ab. Schwäche übermannt mich, mir zittern die Knie.

Nach der Messe beschließen wir, das strahlende Wetter zu nutzen und weiterzugehen, zum Kloster Maria Weißenstein. Ein Marienwallfahrtsort scheint uns für diesen Feiertag das passende Ziel zu sein.

Aus Haslach, einem modernen italienischen Stadtteil von Bozen mit Mietskasernen und Sportplatz, führt der Leiferer Höhenweg hinauf zu den westlichen Hängen des Etschtals, durch Kastanienhaine, und biegt dann, als felsiger Steig, ins märchenhafte Brantental, wo rostrote Felsen zwischen dem dichten Grün des Waldes hervorleuchten.

Es ist ein schöner, aber langer Weg, der uns zudem viel Konzentration abfordert. Endlich steigt er abwärts und

bringt uns zu einem einsamen, heruntergekommenen Gehöft. Auf der Veranda stehen Gartenstühle und Tische mit Aschenbechern auf verblichenen gelben Tischdeckchen. Dies sei ein Gasthof, erklärt ein handgemaltes Schild. Aber außer einem Hund, der kläffend an einer langen Leine zerrt, ist niemand zu sehen. Immerhin gibt ein Brunnen Wasser. Und weiter, zum Talgrund, durch den ein breiter Bach schießt. Am anderen Ufer wieder ein Gehöft, von dem Musik herüberklingt. Auf der Terrasse sitzen Frauen in geblümten Kleidern und mit aufgedonnerten Frisuren, denen ein Akkordeonspieler aufspielt: ein Bild wie aus einem Heimatfilm der Siebziger Jahre.

Wir gehen am Bach entlang, bis wir eine Brücke finden, steigen auf der anderen Seite hoch, auf steilem, gerölligem Pfad, und landen auf einem Kreuzweg. Bald passieren wir die fünfte Station, demnach müßten noch neun fehlen.

Bei der sechsten Station erzählt ein Gedenktäfelchen von der fleißigen Wallfahrerin Veronika, die oft nach Maria Weißenstein pilgerte, bis sie an dieser Stelle – «ca. 1914» – eines überraschenden Todes gestorben sei. Ein liebevoll gemaltes Bild stellt die arme Veronika dar, wie sie elegisch ausgestreckt im Walde liegt.

Bei der zwölften Station beginnt es zu dämmern, und plötzlich wird es empfindlich kühl. Jetzt muß Stärkung her. Wir essen zwei Pfirsiche, die wir an einem Stand in Bozen gekauft haben, und ein Täfelchen bitterer Schokolade aus der eisernen Ration. Damit geht es besser.

Bei der dreizehnten Station hören wir ganz nah eine Glocke acht Uhr läuten. Plötzlich öffnet sich der Wald, und wir sehen das Kloster vor uns auf dem kahlen Hügel, groß, weiß und kalt unter dem grauen Himmel. An seinen Kanten stößt sich ein schneidender Wind. Die Fenster des Klosters sind fast alle dunkel, die Türen geschlossen, bis auf eine, unterhalb der Terrasse. Wir gehen hinein, passieren einen langen dunklen Gang und kommen in eine niedrige Kammer: eine Gruft. Rechts und links reihen sich Grabsteine mit Messingschildern und verblichenen ovalen Fotografien. Dutzende Kerzen verbreiten modrige Wärme und nehmen uns den Atem, ihr flackernder Schein bringt den Schimmel an Wänden und Decke zum Glänzen. Wieder draußen empfinden wir die Kälte und den Wind als wohltuend.

Auf der anderen Seite des Klosters, in einer breiten überdachten Nische, stehen ebenfalls Kerzen, Hunderte. Fromme Besucher haben sie hier aufgestellt, für einen Euro das Stück. Ein gedrungener Mann steht davor und wedelt mit einem Stück Pappe, bis sie verlöschen. Als wir ihn ansprechen und nach einem Quartier fragen, kichert er albern. Er nuschelt etwas auf Italienisch – wir verstehen bloß «Ferragosto» – und wedelt weiter. Natürlich, wir hätten es wissen müssen: Ferragosto, Maria Himmelfahrt, Italiens Hauptreisezeit. Wir gehen über den windigen menschenleeren Platz, der den jungen Bäumen und dem Zustand der gepflasterten Wege nach zu urteilen erst vor kurzem angelegt wurde, an Schaufenstern vorbei, in denen Marienstatuen von 200 Euro an aufwärts angeboten werden, zu einem Hotelkomplex. Der ganze Ort strahlt so eine polierte Frömmigkeit aus, wie oft die Kirchen amerikanischer Sekten.

Durch große Fenster können wir von außen in ein hell erleuchtetes Selfservicerestaurant blicken, das bis auf den letzten Platz mit Menschen mittleren Alters und ein paar

Kindern gefüllt ist. In der Mitte spielt eine Kapelle, Volksmusik klingt gedämpft heraus. Das Hotel ist ausgebucht, die Frau an der Rezeption kann uns nicht helfen, und der Manager ist zufällig nicht da.

Wenig später stehen wir vor dem Kloster und klingeln an der Pforte. Nach einer Weile öffnet ein hochgewachsener, bleicher, glatzköpfiger Mönch mit einer stählernen Brille. Ich gebe ihm das Empfehlungsschreiben des Pfarrers von St. Bonifaz in München. Der Mönch liest es und lächelt spöttisch.«So, so, eine Pilgerfahrt nach Rom ...», sagt er in

fließendem Deutsch, aber mit hartem Akzent. Er denkt kurz nach, dann schickt er uns zu einem der Gebäude auf der anderen Seite des Platzes. Wir würden die Türen im Untergeschoß offen finden.

Es sind zwei schmucklose Gewölbe mit Linoleumfußböden, vielen Biertischen und Bänken und jeweils einem Wasserhahn und Spülbecken. Bei schlechtem Wetter können Reisegruppen hier ihr mitgebrachtes Essen verzehren. In einer Abstellkammer finden wir einen Satz rechteckig zugeschnittener Pappkartons, die, so vermuten wir, den Besuchern von Open-Air-Gottesdiensten als Gesäßwärmer dienen. In zwei Lagen übereinander ausgebreitet ergeben sie, mit unseren Alumatten darüber, so etwas wie eine Matratze.

Am nächsten Morgen haben wir Gelegenheit, die Kirche von innen zu besichtigen. Im Seiteneingang und im angrenzenden Flur hängen hunderte Votivtafeln und künden von den Wundern, die Maria von Weißenstein gewirkt hat und bis in unsere Tage wirkt. «Maria hilf» und «Maria hat geholfen» haben fleißige, fromme Hände auf Leintücher gestickt und Jahreszahlen hinzugefügt: 1906, 1985, 2001 ... Unfallopfer haben Fotos von zerknautschten Autos gebracht, aus denen sie unversehrt entstiegen sind, andere haben Bilder gemalt oder malen lassen, die mit großer Dramatik alle denkbaren Kalamitäten des menschlichen Lebens abbilden. Jedes Bild erzählt von einem Schicksal und zugleich von einem Wunder.

Maria hat geholfen

Da sieht man Kutschen- und Treckerunfälle, den spektakulären Zusammenstoß eines Lieferwagens mit einer Dampflok, Stürze vom Dach, mitleiderregende Krankenbettszenen und sogar einige Schlachtengemälde aus den Weltkriegen: Schützengräben, die von Leuchtkugeln erhellt werden, aus denen Soldaten mit Stahlhelm über Stacheldraht springen, rotblitzendes Granaten- und MG-Feuer, und über allem schwebt schützend die weiße Maria. Nach den Votivbildern zu urteilen hat die Gottesmutter nie einen Unterschied zwischen den Volksgruppen gemacht. Deutsche und Italiener haben ihr seit jeher gleichermaßen ihren Dank abgestattet.

Wenige Kilometer südlich von Maria Weißenstein stehen, nah beieinander, zwei konische Berge. Sie sind etwa gleich hoch. Der nördliche heißt Weißhorn, der südliche Corno Nero. Der Paß zwischen ihnen, Jochgrimm genannt, markiert die Sprachgrenze zu Italien. Auf der Türzarge des Paß-Restaurants prangt noch ein kämpferischer Aufkleber: «Südtirol – deutsch seit 1200 Jahren.» Die Orte im Tal hinter dem Jochgrimm, im Val di Fiemme, sind schon echt italienisch: die Häuser mit hellgelben Fassaden und schmalen grünen Fensterläden, die sich nach unten öffnen, die Cafés haben Tische auf die Straße gestellt, an denen Männer sitzen, um bei einem Achtel Roten zu plaudern.

Die Wörter nah und fern bekommen einen anderen Sinn, wenn man zu Fuß geht. Das Plakat eines Reisebüros im Wintersportzentrum Cavalese wirbt für Wochenendausflüge nach München: vier Stunden mit dem Bus. Das klingt nicht eben nach großer Entfernung. Ich habe sechzehn Tage gebraucht, um hierher zu kommen, und mir ist, als sei ich noch nie weiter weg gewesen. Mit dem Überschreiten der Sprachgrenze fühle ich nun endgültig, daß ich in der Fremde bin, und ich spüre jenes Unbehagen, das die Deutschen früher stets empfanden, wenn sie ins «Welschland» kamen. In Arnold Eschs Buch «Wege nach Rom» hatte ich gelesen, daß unsere Landsleute stets froh waren, wenn sie in Italien bei deutschen Wirten unterkamen, von denen es offenbar viele gab. Ein wenig geht es auch mir so, denn ich habe Italienisch nie systematisch gelernt, sondern nur auf Reisen einiges aufgeschnappt, mit Hilfe von Latein- und Spanischkenntnissen.

Auf dem Weg nach Tesero reißt die Schnur, mit der ich den Rucksack zubinde. Ein absehbarer Verlust, nachdem sie schon tagelang immer fadenscheiniger geworden ist. Zufällig steht kurz darauf an der Landstraße ein Sportgeschäft. Ich zeige der Verkäuferin die zerrissene Schnur. Sie kramt aus einer Pappschachtel einen Schnürsenkel hervor und schenkt ihn mir. Über ihre Hilfsbereitschaft freue ich mich genauso wie über den Schnürsenkel selbst, der fest und lang ist und mit seinen schwarzen und gelben Streifen auch farblich zu meinem schwarzgrünen Rucksack paßt.

Den alten Rucksack habe ich lieb, auch wenn er mich manchmal drückt. Ich trage ihn wie ein Kamel seinen Hökker, lebe mit und aus ihm – in den Tiefen seiner Seele kenne ich mich aus. Er enthält, fein säuberlich in Plastiktüten verpackt, alles, was ich brauche, darunter eine zweite Garnitur Kleidung, die ich abends überziehe und die als Ersatz dienen soll, wenn die erste Garnitur vom Regen durchnäßt wird. Das ist mir bisher erspart geblieben. Dafür starrt die Kleidung nach sechzehn Tagen Wanderschaft vor Schmutz.

In Tesero nehmen wir uns ein Zimmer, wo wir die Kleidung durchwaschen und zum Trocknen auf den Balkon hängen können. Meine Sorgen wegen der Sprache werden fürs erste aufgeschoben, denn die Wirtin der Pension, eine resolute ältere Dame, spricht fließend deutsch – mit Wiener Akzent.

Die grünen Berge

Und wieder Aufstieg in ein neues Gebirge: o Lust des Beginnens, o Beginn der Arbeit! Hinter dem Val di Fiemme wartet die Lagorai-Kette, die wir in drei Tagen überqueren wollen. Es werden stille, heitere Etappen. Wir reden wenig, jeder genießt das Vorübergleiten der Landschaft, den Wind auf der Haut, läßt die Augen sich sattrinken am Grün der Hänge, am Blau des Himmels. Auf den schmalen Pfaden begegnen wir kaum einem Menschen. Einmal können wir von einem Gipfel aus ein paar Wanderer winzig klein auf einem Nachbargipfel erkennen. Dafür sehen wir Bergziegen, Gemsen und Murmeltiere. Seltsam, daß sich in manchen Ecken der Berge die Leute drängeln, aber im grünen Lagorai ist fast niemand außer uns, und das mitten in der Hauptreisezeit.

Es geht sich gut hier oben. Die Schmerzen im Bein, die mich in der ersten Woche geplagt hatten, sind praktisch verschwunden. Das Gehen ist mir in Fleisch und Blut übergegangen. Zuweilen erfordert es Konzentration, wenn der Weg steil oder rutschig ist. Aber davon abgesehen ist es für den Körper so selbstverständlich geworden zu gehen, als hätte er nie etwas anderes getan. Zu Recht: Bevor der Mensch den Bürostuhl und das Auto erfand, bestand seine Hauptbeschäftigung während mehrerer zehntausend Jahre

darin, zu Fuß zu gehen, als Jäger und Sammler, als Hirte hinter der Herde, als Bauer hinter dem Pflug, als Krieger, Händler, Bote und als Pilger auf dem Weg zu den heiligen Stätten.

Die heilige Stätte, Rom, habe ich derweil aus den Augen verloren. Das Denken bewegt sich nur mehr in der Gegenwart, in einem Zeitraum, der jeweils zwei, drei Tage nach vorn und zurück reicht. Was davor passierte, ist schon fast nicht mehr erinnerlich, was danach kommen wird, unvorstellbar. Und die Gegenwart ist gut. Der Körper ist mit sich zufrieden, meine Partnerin geht im selben Rhythmus wie ich, ist ausdauernd und fröhlich. Das Wetter hält sich, wenigstens tagsüber. Ich könnte immer so weitermachen.

Einmal übernachten wir in einer unbewirtschafteten Biwakhütte, die von der «Associazione Nazionale Alpini» unterhalten wird, dem Veteranenverein der italienischen Gebirgsjäger. Die Hütte ist geräumig und sogar mit einem Gasherd ausgestattet. Wir teilen sie mit einem Wanderer aus Verona, einem stillen jungen Mann mit einer Schirmmütze, der kiloweise Verpflegung im Rucksack schleppt, von der er einen Teil im Laufe des Abends systematisch verputzt. Wir tauschen ein wenig von seinen Hartkäsewürfeln gegen ein Glas von unserem «Tavernello», dem Wein aus dem Tetrapak, der sich als durchaus ehrlich und trinkbar erwiesen hat, so daß wir ihn in Tesero gleich wieder gekauft haben.

Der fremde Wanderer nennt sich Manuele und arbeitet

als Grafiker in Verona. Manuele gibt mir Gelegenheit, mein eingerostetes Touristen-Italienisch zu reaktivieren. Es geht viel besser, als ich dachte. Das mag auch daran liegen, daß Manuele ein geduldiger Zuhörer ist. Um meine Reise beneidet er mich. Wir kommen auf den Weg zu sprechen, der vor mir liegt. Manuele warnt mich vor der Po-Ebene. Sie sei «brutto, häßlich» und gefährlich wegen des Autoverkehrs. Ich mag gar nicht daran denken.

Ein andermal schlafen wir als einzige Gäste im Rifugio Sette Selle, einer Schutzhütte am oberen Ende des Fersentals. Zum Abendessen servieren uns die Wirte, ein älteres Ehepaar, ein trentinisches Gericht: Minestrone, Polenta mit Pilzen und Würstchen, Rotwein dazu und ein Stück herrlich schweren Zitronenkuchens. Zum Kaffee lesen wir in der Zeitung «L'Adige», daß Helmut Kohl morgen in Trient den «Alcide de Gasperi-Preis» empfangen wird, nach dem italienischen Nachkriegspolitiker, der vor fünfzig Jahren gestorben ist. In der Zeitung steht, daß die Südtiroler darüber verärgert sind. Sie finden, daß unser Altkanzler sich zwar für die Wiedervereinigung der Ost- und Westdeutschen, aber nicht genug für die der Tiroler eingesetzt hat.

Vielleicht von dem ungewohnt schweren Essen habe ich nachts einen Alptraum. Ich bin ein Kleingauner und stehe bei einem großen Gangster, der von Helmut Kohl gespielt wird, so tief in der Kreide, daß ich auf Jahre für ihn Sklavenarbeit leisten muß. Verstört liege ich eine Zeit wach, bis mich das Rauschen des nächtlichen Wassers beruhigt, das vom Brunnen vor der Hütte heraufklingt.

Der letzte Tag

Wie der Aufstieg ins Gebirge ist auch der Abstieg ein besonderer Moment und, ähnlich wie die Jahreszeiten, mit bestimmten, wiederkehrenden Empfindungen verbunden. Der Proviant ist verbraucht und der Rucksack leicht, der Kopf ist mit Bildern gefüllt, die Haut aufgerauht vom Wind, Kleidung und Körper sind mit Staub und Lehm überzogen, und man freut sich auf die Annehmlichkeiten der Zivilisation.

Die Zivilisation südlich des Lagorai heißt Levico Terme. Als der Ort vor gut hundert Jahren eine Eisenbahn und bald darauf einen Kurpark und ein Grand Hotel bekam, war das vermutlich die letzte balnearische Schöpfung der österreichischen Monarchie und wohl auch gedacht als Infrastrukturpolitik im Grenzland. Nach Errichtung des Grand Hotels blieben den Reichen und Schönen zehn Jahre, um Glanz

und Geld nach Levico Terme zu bringen, dann kündigte Italien den Dreibund, und das Heilbad wurde Etappenort im Stellungskrieg. Die Front verlief nur wenige Kilometer entfernt.

Heute ist Levico Terme ein mittelständischer Kurort mit Gästen aus Deutschland und den Niederlanden, die am Vormittag über die Einkaufsstraße flanieren. Rechts und links die üblichen Andenkenläden und Cafés, dazwischen das eine oder andere leerstehende Haus, Ruinen mit blinden Fensterscheiben und verwilderten Gärten, die nicht in das Konzept eines ehrgeizigen Tourismusmarketings passen und gerade deshalb sympathisch wirken.

Auch unsere Pension, die den irreführenden Namen Aurora trägt, hat ihre besten Zeiten hinter sich. Nach den Fotos an den lindgrün gestrichenen Wänden zu urteilen müssen sie vor etwa zwanzig Jahren verflossen sein. Auf einigen sieht man den Wirt, mit einem Mikro in der Hand, inmitten seiner Gäste: Menschen, die sich zuprosten, in ihren besten Anzügen und in bester Laune.

Vom Lärm rauschender Feste ist nur ein leises Schlurfen auf flauschigen Teppichen übriggeblieben. Bald kommen wir dahinter, daß die «Aurora» als Altenheim dient und wir die einzigen Urlaubsgäste sind. Hatte uns der Wirt deshalb so euphorisch begrüßt? Mit seinem verlebten Gesicht, dem schwarzgefärbten schütteren Haar wirkt er wie ein in die Jahre gekommener Entertainer, der den Absprung verpaßt hat. Uns bietet die «Aurora» trotzdem die erhofften Annehmlichkeiten: ein frisch bezogenes Bett! Auch wenn die Matratze fast bis zum Boden durchhängt.

Der morgige Tag wird der letzte mit Klara sein, die zurück nach München zur Arbeit muß. Sie will noch mit mir auf die Hochebene von Lavarone steigen und dann umkehren. Es wird eine Trennung für Wochen, das heißt auf unabsehbare Zeit. Denn alles, was weiter weg ist als ein paar Tage, ist unvorstellbar geworden.

An unserem letzten gemeinsamen Tag erklimmen wir die Hochebene und machen einen Ausflug in den Hauptort Lavarone, wo eine Ausstellung über die «k. u. k. Kriegsmaler» zu sehen ist, die im österreichischen Heer des Ersten Weltkriegs eine Institution waren. Die Ausstellung ist gut gemacht, bringt jedoch einen überraschenden Befund: Die meisten Bilder sind so konventionell und kitschig im Stil des 19. Jahrhunderts gemalt, daß man die Dankesgemälde aus Maria Weißenstein ohne weiteres dazuhängen könnte. Oder die Werke des Malers aus Braunau: Frontromantik, die gar nicht zu dieser Urkatastrophe des 20. Jahrhunderts, zum industriellen Massentod, zu den Materialschlachten passen will. Lediglich in den Plakaten, die für Kriegsanleihen oder die Ausstellungen der Kriegsmaler selbst warben, kündigt sich ein gestalterischer Fortschritt an. Und in den Werken des Tirolers Albin Egger-Lienz, vor allem in seinem großen Gemälde «Den Namenlosen 1914». Eine Soldatenschar zieht geduckt übers Schlachtfeld, einförmige Gestalten, bullig und grau, Arbeiter des Todes, einförmig auch ihre Haltung, die Blicke zur Erde gesenkt, weit ausholend die Schritte, ihre Fäuste umklammern die Karabiner, als wären es Keulen.

Der Krieg hat der Hochebene seine Ruinen vererbt, und ihre Bewohner versuchen aus diesem Erbe, so gut es geht, Kapital zu schlagen. Früher, indem sie den wertvollen Stahl aus den Betondecken der Forts schlugen; heute, indem sie Schlachtfeldtouristen anlocken – mit dieser Kunstausstellung zum Beispiel oder einem Kriegsmuseum. Oder einem

Albin Egger-Lienz, «Den Namenlosen 1914»

Radrundweg, der «Hundert Kilometer der Festungen» heißt und an überwucherten Bunkern, eingefallenen Kommandoständen, Fundamenten von Lazaretten vorbeiführt: Mauern, sprachlos und kalt.

Die Überreste des Krieges bedrücken mich. Die bevorstehende Trennung legt sich schwer über den letzten gemeinsamen Tag, das letzte Abendessen, das letzte Bett, die letzten Stunden gemeinsamen Gehens durch den sonnendurchfluteten Wald der Hochebene. Dann läßt sich der Abschied nicht mehr aufschieben. Tränen fließen. Am Ende ist Klara die Stärkere. Sie löst die Umarmung, «Du mußt weitergehen», sagt sie, dreht sich um, und schon hat sie der Wald verschluckt. Die große Einsamkeit beginnt.

Heroischer Nihilismus

Ist denn die Welt nicht übrig? Düster ist der sonnenhelle Pfad, verdrossen das Auge, es sieht nur noch den Krieg, seine Ruinen. Ein mächtiges Befestigungswerk, das Fort Cherle, das die Österreicher drei Jahre lang gegen die Italiener verteidigt haben, sitzt auf einer Anhöhe, als wäre es selbst ein Teil des Berges, eingefallen die Mauern, gähnend wie Höhlen die Gänge, die ins Innere des Betons führen, in den Gräben teilnahmslos weidende Kühe. Auf der meterdicken Decke sind noch die Drehtürme der Geschütze zu erkennen. Von da oben schaue ich zurück auf den Weg der vergangenen Tage, auf die Hochebene von Lavarone und das Lagorai-Gebirge. Im Dunst erspähe ich einen Gipfel, auf dem wir, ich rechne nach, vor vier Tagen standen. Wieder übermannt mich die Sehnsucht. Nach Norden, nach Hyperborea möchte ich ziehen, der Geliebten nach.

Anhalten ist Gift, nur im Gehen läßt sich die Traurigkeit im Zaum halten. Ich laufe hastig durch den Wald, an Ausflüglern vorbei, die mich fragen, wohin ich unterwegs sei, freundliche Menschen, die mir anerkennend zurufen: «Bravo! Complimenti!» Ich höre sie kaum, haste weiter, bis Knie und Knöchel schmerzen, verdränge den Hunger, weil ich die Leere fürchte, die mich anfällt, sobald ich anhalte. Irgendwann, nach Stunden, bin ich hungrig und erschöpft genug, daß ich mich doch niederlasse, auf einer baumlosen Hügelkuppe oberhalb des Passo Coé. Hier kann ich freier atmen als im Wald. Der Hügel ist von grasbewachsenen Kuhlen und Gräben durchzogen, vermutlich Reste des Krieges. Ich hocke mich in eine der Vertiefungen, um den verschwitzten Körper nicht dem Wind auszusetzen.

Was wollte ich in Rom? Wohin ist die Bezauberung, die von diesem Wort ausging, die ich mit den Rom-Reisenden früherer Zeiten teilte? Rom ist eine Stadt voller Denkmäler, weiter nichts. Wohl höre ich die Botschaft, erkenne ich die historische Macht, die kulturelle Größe, das Symbol. Aber dafür die Entbehrungen einer endlosen Wanderung auf sich nehmen? Wochenlange Einsamkeit und Unbehaustheit? Die totale Kasteiung – für ein Symbol?

Nach langem Ringen komme ich zu einem Entschluß. Bis Verona will ich durchhalten, die Sinnfrage verdrängen, um wenigstens die Alpenüberquerung mit Anstand zu Ende zu bringen. Ich blicke nach vorn, nach Süden, wo der Pasubio breit und massig aufragt, und fühle plötzlich heroischen Nihilismus in mich einströmen. Ambulo quia absurdum: Ich gehe, weil es sinnlos ist. Also weiter. Durchhalten. Eine Woche noch!

Viertes Buch

N
S
Passo Coé
Pasubio
2235
Fugazze-Paß
Etsch
Ala
Astico
Erbezzo
Giazza
MONTI LESSINI
Venetien
Vicenza
Verona
Legnago
Nogara
Etsch
(Adige)
Po
Ostiglia
Po
Stellata
Bondeno
Ferrara
0
5
10
15 km

Am Passo Coé buhlen zwei Herbergen um den Wanderer. Bei der einen steht mit großen Lettern «E 5» an der Hauswand. Ich lasse sie beiseite, gehe die Paßstraße ein Stück hinunter bis zu einem Botanischen Garten. Dort, hatte man mir gesagt, würde ich eine Biwak-Hütte finden. Zwei Mädchen sind gerade damit beschäftigt, den Garten für heute zu schließen. Sie räumen auf, gießen die Blumen mit großen Plastikkannen. Ich frage nach dem Biwak. «Chiuso. Geschlossen», sagen sie. Einige Benützer hätten es fast ruiniert, deshalb stehe es Wanderern nicht mehr zur Verfügung, sondern nur noch den Angestellten des Botanischen Gartens. Ich bitte sie inständig, eine Ausnahme zu machen. Sie sind unschlüssig, wollen Feierabend machen. Allzu vertrauenerweckend sehe ich wohl nicht aus, unrasiert und verdreckt, wie ich bin. Ich krame den Pilgerbrief hervor. Er überzeugt schließlich die Ältere der beiden.

Sie heißt Hilaria und führt mich zu einem winzig kleinen Steinhäuschen. Innen steht ein dreistöckiges Holzbett, die untere Pritsche hat sogar eine Matratze. Ansonsten ist da noch ein Tisch, zwei Stühle, ein Kanonenofen und ein kleines Buffet mit einem Gasbrenner, auf dem Hilaria Kaffee kocht. Sie gibt mir ein Täßchen. Wir sprechen Spanisch, denn sie hat gerade ihr Hispanistik-Studium beendet.

Für Hispanisten gebe es in Italien wenig zu tun, sagt Hilaria, obwohl es im Trentino ja noch ganz gut mit Arbeitsplätzen bestellt sei. Die Arbeit im Botanischen Garten sei bloß ein Ferienjob. Vielleicht werde sie eine Zeit lang in Spanien Italienisch unterrrichten. «Aber das käme mir irgendwie vor wie eine Flucht», sagt sie. Vielleicht ist das Pilgern auch eine Flucht, denke ich. Hilaria wirkt sehr abgeklärt, aber auch fröhlich. Sie ist schlank, hat dunkle Haare und trägt eine zierliche Brille. Ich merke, daß sie mir gefällt. Beim Abschied lädt sie mich ein, von den Vorräten in der Hütte zu nehmen, und bittet darum, das Vorhängeschloß sorgfältig zu schließen, wenn ich morgen gehe, weil sie sonst Ärger mit ihrem Chef bekomme. Ich verspreche es hoch und heilig.

Von den Vorräten koche ich mir einen Früchtetee und eine Packung Nudeln, die ich in Ermangelung einer Sauce pur verzehre: Hauptsache Kohlenhydrate. Das letzte Lebewesen, das ich heute sehe, ist ein Reh, das vielleicht fünfzig Meter entfernt mitten im Botanischen Garten steht und minutenlang wie angewurzelt zu mir herüberschaut, so daß ich schon denke, es ist eine Statue, die ich vorher übersehen hatte. Auf einmal senkt es anmutig den Kopf und verschwindet grasend im Wald, und die Nacht senkt sich still über den Paß.

Vor der Nacht und der Stille hatte ich Angst gehabt und vor dem Alleinsein. Doch jetzt fühle ich mich geborgen in der steinernen Schale des Biwaks und in der Finsternis, die mich umgibt wie warme Flüssigkeit. Die Freundlichkeit der jungen Frau wirkt nach und wärmt mich. Ich denke an Klara, die längst in München angekommen sein dürfte, und wie kalt die Welt wäre ohne die Frauen. Darüber schlafe ich ein.

Als der Wecker piept, ist es noch stockdunkel, und ich brauche eine Weile, bis ich meine Brille und die Stirnlampe wiederfinde. In ihrem Schein entzünde ich eine Kerze, die flackernde Schatten an die Wände wirft, und trete vor die Tür, wo mich die Kühle des Morgens empfängt. Im Osten dämmert es leise. Rechts am Horizont liegt der Orion, als hätte er sich zum Schlafen ausgestreckt. Vielleicht ist er auch tot, erlegt von der großen Jagdgöttin. Ich gehe zurück in meine Klause, wo es wärmer ist, und frühstücke im Kerzenschein: einen Apfel, Cracker mit Erdnußbutter und Marmelade, einen halben Liter Vitaminbrause und einen Kaffee.

Nachdem ich die Hütte versperrt habe, gehe ich hinauf zur Straße. Hier plätschert ein hölzerner Brunnen vor sich hin, an dem ich meine Morgentoilette verrichte. Ein Auto rast vorbei, zwischen den beiden Herbergen hindurch und verschwindet knatternd im Nebel. Aus dem Nebel ragen Tannen und leuchten weiße Steine hervor. Die Steine bewegen sich. Glöckchen klingen gedämpft herüber. Die Steine sind eine Herde Schafe, die sich in einer Mulde niedergelassen haben. Ich trete leise auf, um die zerbrechliche Ruhe des Morgens nicht zu stören, als könnte sich mit ihr der Seelenfrieden verflüchtigen, den ich in der Nacht wiedergefunden habe.

Eine zehn Meter breite Schneise zieht sich durch die Koniferen bergwärts: eine ehemalige Militärstraße. Ich gehe über einen Kamm, durch ehemalige Schützengräben, und dann in steilen Serpentinen abwärts, an der Ruine eines Lastwagens und einem eingefallenen Haus vorbei. Am Borcola-Paß kehre ich kurz in einer Malga ein, einer Alm, weil ich Trinkwasser brauche. In der Küche arbeiten zwei Frauen, die eine rupft gerade eine Gans. Sie schenken mir eine Flasche Mineralwasser und bitten mich, für sie zu beten, wenn ich in Rom bin. «Wenn ich jemals dort ankomme», sage ich leise und habe ein schlechtes Gewissen.

«Sind Sie ein einsamer Wanderer?», fragt die Spaziergängerin in fast akzentfreiem Deutsch. Wir begegnen uns zum dritten Mal heute, verlorene Gestalten in einer Wüste aus Kalk. Dann geht auch sie weg – zu einer Herberge, sagt sie – und ich bleibe ganz allein zurück im Niemandsland zwischen den Fronten. Ganz allein? Die Vögel sind noch da, der Wind und die tiefhängenden Wolken, die wie Lemuren über die Hochebene wandern, und außerdem eine dreiköpfige Familie. Ich habe ihre verlorenen Schreie von weitem durch die Einöde hallen hören, jetzt kommen sie plötzlich zwischen den Hügeln hervor. Es sind drei Esel: Vater, Mutter, Kind. Als sie mich sehen, bleiben sie wie angewurzelt stehen. Wer ist der späte Wanderer zwischen den Fronten?

Weiß er nicht, daß es bald Nacht wird? Schließlich gibt der Vater sich einen Ruck und läuft mannhaft an mir vorbei, Frau und Kind trotten eilig hinterher.

Die Esel sind Deserteure, sie laufen von der italienischen auf die österreichische Seite über. Vielleicht verkriechen sie sich in einer der rechteckigen Höhlen, die überall hinter der Frontlinie aus dem Fels gähnen: niedrige Kavernen, in denen die Krieger drei Jahre lang gehaust haben wie in Taubenschlägen und die vom Abfall und Urin stinken, vermutlich nicht anders als damals.

Ich entzünde ein Teelicht und stelle es in eine kleine verrostete Metalldose, die ich gefunden habe, damit der Wind es nicht ausbläst, und das ganze stelle ich ins Gras. Ich setze mich daneben und packe das Abendbrot aus. Eine Kerze für 38 000 Menschen. So viele Soldaten sind zwischen 1915 und 1918 auf dem Pasubio gefallen. Von den verrosteten Dosen liegen hier Tausende herum, vor allem auf der österreichischen Seite: eiserne Rationen. Sie liegen zwischen Steinen und zwischen eingefallenen Mauern, neben Stacheldraht- und anderen Metallresten, neben einem Stück perforiertem Leder, neben grau gewordenen Holzstücken, neben

Knochensplittern. An einigen Stellen haben Spaziergänger ihre Funde gesammelt und fein säuberlich sortiert aufgetürmt, kleine Häufchen von Stacheldrahtresten, Dosenresten, Knochenresten. Andere haben ein Kreuz dazugestellt, handgeschmiedet aus dem Stahl krepierter Granaten.

Der graue Kalkboden ist zerfurcht wie ein Acker. Eine perverse Kulturlandschaft auf 2000 Meter über Seehöhe, vom Menschen gestaltet mit Feuer und Schwert. Hier haben Schwerter als Pflugscharen gewirkt. Man weiß nicht: Ist das eine natürliche Senke oder ein Granattrichter? Hat jahrtausendelange Verwitterung diesen Geröllhang zersetzt oder das Stahlgewitter einer Nacht? Die Sonne geht unter. Ihre letzten Strahlen schickt sie mitleidig dem «Dente Italiano», dessen völlig zerstörte Westflanke noch einmal blaßrot aufleuchtet, bevor die Dämmerung grau und feindselig über das Plateau kommt und die Vögel zum Verstummen bringt.

Der Dente Italiano, der «italienische Zahn», ist ein langgestreckter platter Felsrücken am südlichen Rand des Fels-

Der ‹Eselsrücken›, von der österreichischen Seite aus gesehen

massivs. Ihm direkt gegenüber liegt sein Gegenstück, der Dente Austriaco. Die beiden «Zähne» liegen nur wenige Meter voneinander entfernt. So weit wie ein Handgranatenwurf, würden Soldaten vielleicht sagen. Den Sattel dazwischen nannten sie den Eselsrücken. Hier haben sich die Armeen drei Jahre lang gegenübergelegen. Aug in Aug, Zahn um Zahn.

Beide Armeeführungen betrachteten das Pasubiomassiv als Schlüsselposition der Dolomitenfront. Die Österreicher hatten es in der Frühjahrsoffensive 1916 zu erobern versucht, aber die Italiener konnten die südöstliche Hälfte halten, eben jenen flachen Buckel, den sie Dente Italiano nannten. Ihre Hälfte überragte die andere um dreißig Meter, ein entscheidender Vorteil, weil sie dadurch die Stellungen der Österreicher einsehen und beschießen konnten.

Die Österreicher unternahmen daher Anfang Juli 1916 einen zweiten Vesuch, den Pasubio einzunehmen, der jedoch ebenso scheiterte wie eine italienische Gegenoffensive im Oktober desselben Jahres. Am Morgen des 9. Oktober zerwühlten mehr als 300 Geschütze die Stellungen der Verteidiger in stundenlangem Trommelfeuer, dann ertönte der Schlachtruf «Savoia», und die Alpini, die italienischen Gebirgstruppen, stürmten in immer neuen Wellen auf die österreichische Platte. Doch die Tiroler Kaiserjäger verteidigten ihren «Zahn» bis zum letzten Mann. Zehn Tage tobte die Schlacht um wenige Quadratmeter Fels, fast 8000 Soldaten wurden damals von der «Mühle am Pasubio» zermalmt. Am Ende mußten beide Seiten erkennen, daß sie der anderen keine Handbreit Boden abringen konnten. Nun begann der Stellungskrieg. Und bald darauf der Winter, der ebenfalls unerbittlich seine Opfer forderte, vor allem durch Lawinen, die Hunderten Soldaten, Italienern wie Österreichern, den Tod brachten.

Die Winterruhe nutzten beide Seiten, um ihre Stellungen auszubauen. Aus den Soldaten wurden Maulwürfe, die sich in den Fels hineinwühlten, immer längere und tiefere Gänge bohrten. Angetrieben von der Furcht, die Italiener könnten ihnen zuvorkommen, trieben die Österreicher im Fiebereifer einen langen Stollen unter den italienischen Zahn. Als die Italiener, die wie die Österreicher Horchapparate verwendeten, um die Bewegungen des Gegners unter der Erde zu orten, Lunte rochen und im Sommer 1917 ihrerseits begannen, die Platte der Österreicher zu unterminieren, hatten diese ein halbes Jahr Vorsprung.

Nun begann ein Wettrennen, in dem beide Seiten ihre gesamte strategische Intelligenz und alle technischen Errungenschaften ihrer Zeit einsetzten. Mit elektrischen Bohrern und chemischen Sprengstoffen trieben sie ein ganzes Netz von Stollen in den Fels, sie installierten Röhrensysteme für Entwässerung und Entgasung, verlegten elektrische Leitungen und richteten Horchposten mit Mikrophonen ein. Mit gezielten Sprengungen versuchten sie, die Aktivitäten der Gegenseite zu vereiteln. Diese richteten aber nur wenig aus und forderten bloß Tote auf der eigenen Seite, vor allem wegen des Kohlenmonoxids, das sich nach den Explosionen in den Gängen ausbreitete.

Ende Februar 1918 bliesen die Österreicher zum Endkampf im «Minenkrieg». Sie hatten unter dem italienischen Zahn zwei Sprengkammern angelegt, die mit 50 000 Kilo Dynamit gefüllt werden sollten. 380 Mann waren in vier Schichten rund um die Uhr im Einsatz, den Sprengstoff im Schneesturm auf den Pasubio zu bringen, Zündleitungen zu verlegen und den Stollen zu vermauern, damit die Sprengung nicht nach hinten losging, sondern ihre zerstörerische Wirkung allein auf den italienischen Zahn ausübte. Währenddessen bohrte eine zweite Gruppe in einem entlegenen Gang weiter, um den Feind abzulenken.

Am 12. März, 17 Uhr, waren die Vorarbeiten beendet, und die gesamte Besatzung räumte die Stollen. Als Zeitpunkt der Sprengung wurde der Morgen des 13. März 1918 festgesetzt. Nach einer ruhigen Nacht erfolgte planmäßig um halb fünf Uhr die Auslösung. Der Berg bebte, eine dreißig Meter hohe

Der ‹Dente Italiano› nach der Sprengung

Stichflamme schoß in die Höhe, und die gesamte Westflanke des «Dente italiano» stürzte in sich zusammen, begrub die 489 Mann Besatzung unter sich und rutschte, zersetzt zu Felsquadern, Geröll und Kalkstaub, hinab in den «Eselsrücken». Die Österreicher hatten den Minenkrieg gewonnen.

Am Frontverlauf auf dem Pasubio änderte sich dadurch nichts, der Stellungskrieg ging weiter wie zuvor. Später kam heraus, daß die Österreicher den Italienern mit der Sprengung nur wenige Stunden zuvorgekommen waren. Die Toten können es bezeugen. Sie liegen noch heute unter den Steinen.

Und ich liege im Niemandsland unterhalb der beiden Zähne und schaue zu, wie die Dämmerung den Berg erkalten läßt. Es ist keine barmherzige Dämmerung, die die Narben des Pasubio wie eine Mutter Gottes mit ihrem Schutzmantel zudeckt, sondern eine gnaden- und mitleidlose Vorbotin der ewigen Finsternis. Der Winter ist in dieser Höhe niemals fern. Mich fröstelt. Ich packe die Sachen zusammen und fliehe. Auch ich bin ein Deserteur, wie die drei Esel vorhin, nur daß ich von der österreichischen zur italienischen Seite überlaufe. Wohl dem, der jetzt noch Heimat hat.

Meine Heimat für diese Nacht wird das Rifugio Papa, eine Schutzhütte des italienischen Alpenvereins, die nicht etwa nach dem Papst, sondern nach einem General des Ersten Weltkriegs namens Achille Papa benannt ist. Die Wände der Gaststube schmücken Lagepläne, darunter eine Zeichnung des Dente Italiano mit seinen unterirdischen Gängen vor der Sprengung, und alte Fotos des Generals vor seinen verhärmten Truppen. Der «Papa» blickt grimmig und gnädig zugleich auf das Treiben in der holzvertäfelten Stube herab, und ich muß an den wahnsinnigen General Leone aus Emilio Lussus «Ein Jahr auf der Hochebene» denken, der seine Soldaten scharenweise in den Tod trieb. Die Handlung dieses großartigen Buches spielt nicht weit entfernt von hier.

In der Gaststube herrscht reger Betrieb. Biere werden getrunken, Karten gespielt, Witze erzählt, widerwillige Kinder zu Bett geschickt. Der Betrieb ist mir ebenso zuwider wie der Anblick des Generals. Ich verziehe mich aufs Lager und lege mich ganz hinten in der Ecke auf ein schwankendes, quietschendes Doppelstockbett. Einen Teil der Nacht verbringe ich in ehrfürchtigem Staunen, was für vielseitige Geräusche meine Lagernachbarn im Schlaf machen können, und das nur mit Hilfe von Nasenscheidewand und Schließmuskel.

Morgens bin ich wieder der erste, der das Haus verläßt. Im Nebel gehe ich die «Strada degli Eroi» hinunter zum Fugazze-Paß. Die «Heldenstraße» führt durch düstere Tunnels, an deren gemauerten Eingängen noch deutlich Reliefs mit dem Symbol des Faschismus zu erkennen sind: das Rutenbündel mit dem Beil. Und auf der gegenüberliegenden Seite eine Bombe, deren Lunte brennt, mit zwei gekreuzten Hellebarden.

Die Heldenstraße führt hinab zum Fugazze-Paß. Von dort muß ich hinauf in die Carega, das letzte richtige Gebirge, das mich von der Po-Ebene trennt. Ich gehe fast ohne anzuhalten, weil mir die Pausen und vor allem das einsame Essen unerträglich geworden sind. Allein Rast zu machen, ohne Gespräch, ohne Brot und Wurst zu teilen, ist eine trostlose Prozedur. Das Essen ist nur noch ein funktionaler, trauriger, obszöner Akt physischer Notwendigkeit, der mich unendlich anödet. Wenn der Hunger zu mächtig wird, schlinge ich rastlos im Stehen ein paar Kekse herunter. Andere Wanderer sehe ich kaum. Wenn, dann sind es Tagesausflügler, und die Begegnung mit ihnen reduziert sich auf ein kurzes «Salve».

Um die steile Bergwand, an der ich in Serpentinen zur Carega aufsteige, hängen Wolken, aus denen schwere Feuchtigkeit quillt, ein diffuses Nieseln, das die Kleider klamm werden und die Brille beschlagen läßt. Ich kann keine zwanzig Meter weit sehen. Alles um mich herum ist grau und leer, und ich bin hundemüde. Vielleicht ist es die Müdigkeit, die mir hilft, mich endgültig in die Leere zu fügen. Schritt für Schritt, ohne an noch irgendwas zu denken, trotte ich die Serpentinen hinauf. Bald weiß ich nicht mehr, wie lange ich schon steige und wieviel Höhenmeter noch vor mir liegen.

Die Nacht verbringe ich als einziger Gast im Rifugio Fraccaroli, das in luftiger Höhe knapp unterhalb des höchsten Gipfels der Carega steht. Am späten Nachmittag stehen noch ein paar junge Leute an der Bar, die mit dem rastagelockten Barkeeper Schnäpse trinken und sich angeregt unterhalten: Eine Szene wie in einer städtischen Kneipe. Nur daß die Gäste früh aufbrechen, um noch vor Einbruch der Dunkelheit den Berg hinabzukommen, und ich als einziger mit der vielköpfigen Wirtsfamilie zurückbleibe. Außer der Wirtin und dem jugendlichen Barkeeper gehören noch der Vater, die Oma und einige Kinder dazu, die den Abend in der Küche vor dem Fernseher verbringen.

Der Wirt heizt eigens für mich den Ofen ein. Wir trinken seinen Selbstgebrannten, die Spezialität des Hauses, und ich betrachte lange das bewegliche Spiel des Abendlichts in den Wolken, die ein starker Südwestwind am Haus vorbei und über den Kamm der Carega jagt, so daß immer neue Farbtöne entstehen, von dunkel graublau bis leuchtend gelbrot. Nachdem die Sonne untergegangen ist, befasse ich mich noch einige Zeit mit meinen Aufzeichnungen. Währenddessen wärmen sich die Wanderstiefel auf dem knackenden Ofen. Sie sollen heute abend noch gewachst werden, und das geht besser, wenn das Leder warm ist.

Taucias gareida 73

Leise schleiche ich mich am Zimmer der Wirte vorbei, die gleich neben dem Lager mit ihren Kindern auf Dreistockbetten schlafen. Die Tür steht offen. Während ich frühstücke und den Rucksack packe, warte ich auf den Sonnenaufgang, aber die Hütte steckt in einer dicken Wolke, die sich mit der Zeit nur unwesentlich erhellt. Um viertel vor sechs breche ich dennoch auf. Die Sichtweite beträgt gerade mal zehn Meter. Dafür ist es nicht so kalt, wie ich befürchtet hatte, nachdem noch vorhin im Waschraum mein Atem zu kleinen Wölkchen gefroren war.

Irgendwann taucht rechts am Wegrand ein Schemen auf. Ich gehe näher heran und erkenne eine steinerne Skulptur, eine Art Tierkopf, der mit einer grotesk bösartigen Grimasse in den Nebel starrt. Seine feisten wulstigen Formen erinnern an die apotropäischen Figuren romanischer Kirchen oder mehr noch an die Reliefs eines Maya-Tempels. Welche bösen Geister er wohl abwehren soll? Als ich hundert Meter weiter unten aus der Wolkendecke trete, blicke ich in ein felsiges Tal, das sich weit nach Süden erstreckt. Ihm folge ich. Nach ein paar Stunden komme ich zu einem Weiler. Ein Schild mit der Aufschrift «Buskangrobe» sagt mir, daß ich mich nun im Gebiet der Kimbern befinde.

Im 13. Jahrhundert gestattete der Bischof von Verona Siedlern aus Bayern und Tirol, sich in den Lessinischen Bergen niederzulassen. Die Siedler gründeten dreizehn Gemeinden, lebten von Schafzucht und Holzwirtschaft und belieferten die Stadt in der Ebene mit Eis zum Kühlen von Speisen. Später, in der Renaissance, wunderten sich die Humanisten, daß es in der Lessinia inmitten von Italienern Dörfer gab, deren Bewohner einen germanischen Dialekt sprachen. Ein kluger Kopf kam auf die Idee, sie mit dem germanischen Volksstamm der Kimbern gleichzusetzen, der im Jahr 101 v. Chr. in der Schlacht bei Vercelli von den Römern vernichtet wurde. Die Humanisten meinten, einige überlebende Kimbern seien damals in die Berge geflohen, wo ihre Nachkommen offenbar noch immer lebten. Das war ein Fehlschluß, aber den Bergbewohnern gefiel die Legende. Sie nannten sich nun selbst «Kimbern» oder vielmehr «Zimbern» (von italienisch «cimbri») und huldigten einem durchreisenden König aus Dänemark, Heimat der antiken Kimbern, als Nachkommen ihrer einstigen Herrscher. Ich hatte gelesen, daß wenige Gemeinden ihre «kimbrische» Identität und vor allem ihre Sprache, einen mehr als 700 Jahre alten mittelhochdeutschen Dialekt, bis heute bewahrt haben. Zu ihnen gehört der Ort Giazza, den ich erreiche, bald nachdem ich den Weiler Buskangrobe hinter mir gelassen habe.

Giazza wirkt auf den ersten Blick wie jedes andere italienische Bergdorf. Doch dann hängen diese Schilder an den Häusern mit Worten wie «Tautsche Puachar» oder «Birrhaus». Letzteres erschließt sich mir ohne weiteres, das erste zunächst nicht. Auf der Straße läuft mir eine ältere Frau mit Einkaufstasche über den Weg, die mich zum Dorfladen mitnimmt. Ich frage die Frau, was «Tautsche Puachar» bedeutet. «Oh, das ist ein Laden, wo Bücher in kimbrischer

Sprache verkauft werden», sagt sie. Ob sie «Kimbrisch» spreche, will ich wissen. «Si, io sono cimbra. Ja, ich bin eine Kimber.» Auf meine Bitte hin, einen Satz in ihrer Muttersprache zu sagen, ziert sie sich ein bißchen. Dann sagt sie doch ein paar Worte. Ich bin enttäuscht, denn ich verstehe kein einziges Wort. Wie ein bayerischer Dialekt klingt es jedenfalls nicht. Erst als sie den Satz wiederholt und die italienische Übersetzung hinzufügt, bilde ich mir ein, einige Laute zu erkennen, etwas, das nach «proat» und «kofan» klingt. «Ich gehe in den Laden, Brot zu kaufen», hatte sie gesagt. Sie erzählt mir, daß die Leute von «Ljetzan» – kimbrisch für Giazza – kaum noch Kimbrisch sprechen, jedenfalls nicht mehr so «wie die Alten». Es gebe im Ort vielleicht noch zwanzig Leute, die den Dialekt richtig beherrschen. Sie selbst wohnt seit Jahrzehnten nicht mehr hier. Zuerst war sie in der Schweiz, jetzt lebt sie in Verona und ist nur auf Besuch.

Weil ich es genauer wissen will und weil das Kimbern-Museum, das direkt neben dem Dorfladen steht, heute geschlossen ist, gehe ich zurück zu dem Haus mit dem Schild «Tautsche Puachar». Die Tür zum Ladenlokal ist versperrt. Darum läute ich an der Haustür nebenan und warte, bis eine junge Frau mit dunklen Haaren und einem blassen Gesicht öffnet. Sie schließt das Geschäft auf, das, wie sie erklärt, von ihrem Vater Carlo Nordera betrieben werde, der heute aber nicht da sei. Sie redet schnell und nervös. «Mein Vater widmet sich seit langem der Bewahrung der kimbrischen Kultur und vor allem ihrer Sprache», sagt sie. Er betreibe nicht nur eine Buchhandlung, sondern sogar einen eigenen Verlag mit dem Namen «Taucias Gareida». So nennen die Kimbern selbst ihre Sprache: «taucias gareida» – «deutsches Gerede».

Nun wird mir auch klar, was «Tautsche Puachar» sind:

«deutsche Bücher». Die Regale des kleinen Ladenlokals sind voll von ihnen. Es gibt auch Wörterbücher, Zeitschriften und viel ethnographische Literatur auf Italienisch und Deutsch. Im Schaufenster liegen ein paar museumsreife Werkzeuge zur Dekoration. Die Tochter erzählt, daß ihr Vater – ein pensionierter Lehrer – auch kimbrische Sprachkurse und Sommerakademien veranstaltet. Früher seien in den Ferien ganze Busse mit Helfern angereist, auch aus Deutschland, um die Kimbern bei der Brauchtumspflege zu unterstützen. Aber es habe nichts genutzt. «Im Dorf gibt es kaum Arbeit, wie überall auf dem Land. Also wandern die Leute aus, in die Schweiz, nach Frankreich oder in die Städte Italiens. Und nach einer Generation stirbt das Kimbrische aus.» Sie guckt bekümmert. Auch sie beherrscht die Sprache nicht mehr, für deren Erhalt ihr Vater kämpft. Zum Abschied schenkt die Tochter mir ein Kärtchen mit einem Gebet in «taucias gareida»: «Vatar unsar, mo du pist ime himmale, gabàigat sáibe dain name ...»

Kurz danach, im Dorfladen, verwechsle ich das italienische Wort «formaggio» mit dem spanischen «queso». Der Verkäufer versteht mich trotzdem. «Ah, Käse», sagt er und grinst. Es sei dasselbe Wort wie in der Sprache seiner Eltern. Er ist vielleicht vierzig Jahre alt. Ob er kimbrisch spreche, will ich wissen. «Nein», sagt er: «Verstehen ja, aber sprechen kann ich es nicht. Das Kimbrische ist eine aussterbende Sprache, die ganz leise – piano, piano – verschwinden wird.» Der Verkäufer macht eine Bewegung mit der flachen Hand,

Giazza, Heimat der Kimbern

die er langsam nach unten senkt, als wollte er den Sinkflug eines Flugzeugs darstellen. Ob er das bedaure? Er zuckt mit den Achseln. «È un peccato. Es ist schade. Aber das ist der Lauf der Welt.»

Vielleicht wird ja der Tourismus dafür sorgen, daß dem Kimbrischen wenigstens eine museale Existenz bleibt. Als ich von der anderen Seite des Tals auf Giazza zurückblicke, fällt mir die malerische Lage des Ortes auf, der sich, in sattes Grün gebettet, unter bewaldeten Felsen hinstreckt. Ein reizvolles Ziel für Wanderer und Tagesausflügler, und der E 5 könnte sogar ein paar Gäste bringen, die über Nacht bleiben.

Zum Beispiel dieses Paar aus Deutschland, das mir zwei Stunden später an einer Wegkreuzung entgegenkommt. Es sind die ersten Fernwanderer, die ich seit dem Pfitscher Joch sehe. Sie sind in dem Alter, wo man die Kinder allein zuhause lassen kann, und wandern fein herausgeputzt im Partnerlook, mit großen Rucksäcken, Kniebundhosen und roten Strümpfen, mit lustigen Hüten und runden, in Leder gefaßten Feldflaschen, die vor ihren Bäuchen baumeln. Diese guten alten Feldflaschen sind selten geworden, seitdem man die meisten Getränke in leichten PET-Flaschen kaufen kann, die sich wunderbar weiterverwenden lassen.

Das Paar gehört sichtlich zur Spezies der Genußwanderer. Beide wirken beneidenswert sauber und strahlen Harmonie und Zufriedenheit aus. Den E 5 gehen sie seit Jahren in kleinen Etappen zu je fünf Tagen, diesmal in umgekehrter Richtung, erzählen sie. Und daß sie es fad fänden, wie ich allein durch die Gegend zu laufen. «Allein zu wandern hat auch seinen Reiz», lüge ich. Es ist angenehm, mal wieder deutsch zu reden.

Fegefeuer

Die Monti Lessini sind wie eine schiefe Ebene, die sich in sanften Wellen langsam, aber stetig von der felsigen Carega ins Tal hinabsenkt und von Wäldern, Feldern und Wiesen bedeckt ist. In der milden Nachmittagssonne summen Bienen, tanzen Schmetterlinge. Gelegentlich setzen ein romantischer Felsen oder ein einsames Gehöft maßvolle Akzente. Diese lichte, friedliche Landschaft wird plötzlich und unerwartet von tiefen steilen Tälern durchschnitten, auf deren Grund wildes Dunkel herrscht. Bäche haben sie in Hunderttausenden von Jahren in den Felsen gegraben. Als Wanderer gerät man in diese Täler hinein, so wie eine heitere Seele manchmal in Schwermut verfällt, und dann muß man sich mühsam wieder emporarbeiten, durch dichte Ranken üppig wuchender Pflanzen und über rutschige, moosbewachsene Felsen.

Am späten Nachmittag habe ich schon den Gardasee in der Ferne glänzen sehen. Sein Anblick hat mich fröhlicher gestimmt, und in der leichtsinnigen Annahme, das Städtchen Erbezzo – mein Tagesziel – sei nicht mehr fern, habe ich mir in einer Taverne ein Achtel Roten genehmigt. Beschwingt gehe ich dahin, ich sehe die Häuser von Erbezzo vor mir auf einem Hügel liegen, da öffnen sich die Abgründe der Lessinischen Seele, dreihundert Höhenmeter muß ich hinab und dreihundert hinauf und dazwischen eine gute halbe Stunde durch eine modrige, glitschige Schlucht stolpern. Der Schwung, in den mich der Wein versetzt hatte, schlägt in Trägheit um, bevor ich das Städtchen erreiche. Während ich die Talwand hochsteige, durch Wald, über Wiesen, dann an Gärten und schließlich an den ersten Häusern vorbei, wird mir bewußt, daß ich seit 14 Stunden auf den Beinen bin und kaum Pausen gemacht habe – wenn man von dem Aufenthalt in Giazza absieht und einer Rast am Nachmittag, die mir aber die innere Rastlosigkeit verkürzt hat. Ich frage den ersten Menschen, der mir begegnet, ob er ein Quartier wisse, aber er sagt, er sei nicht von hier. Ich frage den zweiten, und der schickt mich zum Pfarrer.

Der Pfarrer wohnt in der Via Roma. Ein gutes Omen, denke ich und klingele. Nach einer Weile öffnet ein feister Glatzkopf in Pantoffeln und bequemer schwarzer Kleidung. Ich gebe ihm das Empfehlungsschreiben und bitte darum, mir bei der Suche nach einer Unterkunft zu helfen, gern auch bei einem Bauern im Heu. Er starrt auf den Brief, anschließend auf mich und holt zu einer minutenlangen Schimpfkanonade aus, von der ich höchstens die Hälfte verstehe. Soviel begreife ich immerhin, daß ich ihm großen Kummer bereite. Was soll er mit einem Strolch wie mir nur anfangen? Ein Pilger – da könnte ja jeder kommen! Er lamentiert und gestikuliert. Schließlich zeigt er auf den Spielplatz zwischen dem Pfarr- und dem Gemeindehaus.

Dort könne ich schlafen. Und wenn es regne? Das Wetter sei gut. Zu müde, mich zu wehren, ja auch nur einen Hauch Ironie in meine Worte zu legen, danke ich ihm für seine Hilfe.

Am Spielplatz gibt es immerhin einen Wasserhahn und ein paar Bänke und Tische. Ich setze mich hin, hole das Abendbrot aus dem Rucksack und beginne zu essen. Der Priester hat sich auf die Bank vor seinem Haus gesetzt und beobachtet mich mit finsterer Miene. Im Grunde kann ich ihn verstehen. Er ist von Berufs wegen zur Nächstenliebe verpflichtet. Wenn er mich wegschickt, versündigt er sich an seinem Gott. Auf der anderen Seite, wenn er mich allzu freundlich aufnimmt und das spricht sich herum, dann rennen ihm die Landstreicher die Türe ein und nutzen ihn aus. Irgendwann zieht er sich ins Haus zurück und guckt nur später noch einmal aus dem Fenster, als ob er sich vergewissern wollte, daß ich wirklich da bin. Danach schließt er für heute die Fensterläden.

Bald merke ich, daß der Spielplatz kein Ort zum Schlafen ist. Um 21 Uhr gehen Laternen an, die penetrant hell sind und ein nervtötendes Schnarren von sich geben. Außerdem kommen jetzt mehrere Kleinkinder mit ihren Eltern, Tanten oder Geschwistern und probieren sämtliche Schaukeln und Wippen nacheinander aus. Alle geben sich redlich Mühe, mich zu ignorieren, aber schlafen kann ich trotz großer Müdigkeit nicht.

Nach einer Stunde packe ich notdürftig meine Sachen zusammen und ziehe in Sandalen los, die Wanderschuhe in der Hand. In der Hauptstraße sehe ich die Zeichen des E 5 und folge ihnen, bis ich am Ortsausgang einen Hügel finde, der mit Gras bewachsen ist. Über die Kuppe, vielleicht fünfzehn Meter von der Straße entfernt, zieht sich ein Zaun aus großen Steinplatten, der das Anwesen dahinter abgrenzt. Über den Zaun recken sich die dicht belaubten Äste einer mächtigen Kastanie und bilden ein schützendes Dach. Das könnte gehen, denke ich und gehe den Hügel hinauf.

Da schießt ein Spitz aus dem Grundstück auf der anderen Straßenseite hervor und rennt mir kläffend hinterher. Nach ein paar Metern bleibt er stehen, kläfft aber weiter. Der wird schon noch ruhiger werden, rede ich mir ein, während ich den Schlafsack ausrolle. Der Platz ist lauschig. Inzwischen ist es richtig dunkel geworden, und in der Ebene sieht man tausende Lichter funkeln. Wenn nur der Hund nicht wäre, der sich am Rand der Wiese die Kehle heiser bellt. Da kommt jemand aus dem Haus gegenüber, um nachzusehen. Gleich wird man mich entdecken. Aber, o Wunder, der Mensch kehrt um und der Hund folgt ihm. Endlich Stille! Es dauert dennoch eine ganze Weile, bis ich zur Ruhe komme.

Allzu lange währt die Ruhe nicht. Der Spitz, diese behaarte Stimmbandkrankheit, hat sich seiner Pflichten erinnert. Er steht im Schein der Straßenlaterne am Rand der Wiese und kläfft. Ich schaue auf die Uhr. Es ist halb eins. Eine Viertelstunde warte ich und noch eine Viertelstunde. Vergebens. Mein Bewacher gibt nicht auf. Okay, ich habe verstanden: In Erbezzo ist kein Platz für mich. Ich stopfe den Schlafsack in den Rucksack, lege ein paar Kekse und Schokolade ganz oben hinein, damit ich bei Bedarf schnell darankomme, rolle die Alumatte ein, ziehe die Stiefel an und packe den Stock fest in die Hand, um den mißgünstigen Spitz auf Abstand zu halten. Als ich den Hügel herunterstapfe, ein Schatten, der aus der Dunkelheit kommt, steigert sich das Kläffen zu einem panischen Jaulen. Das Tier weicht langsam aus, bis es sich umdreht und Hals über Kopf auf das gegenüberliegende Grundstück flieht. Spätestens jetzt müßte doch jemand herauskommen und nachschauen. Aber im Haus rührt sich nichts. Also gehe ich hinaus in die laue Nacht, auf das Lichtermeer der Ebene zu.

Das Kläffen des Hundes verklingt. Wie dunkel und still es auf einmal ist. Im Schein der Stirnlampe suche ich die Markierungen des E 5. Das Licht fällt auf die Zäune schweigender Gärten, auf Fassaden mit verschlossenen Läden, die wie tot wirken. Gelegentlich störe ich einen Hund auf, ein

Pferd wiehert, oder ich höre die raschelnden Bewegungen der Kühe, die sich auf den Weiden zusammenkauern. Der Mond ist hinter unsichtbaren Wolken verborgen, die auch das Sternenlicht verschlucken. Ab und zu erhellt ein Wetterleuchten, das von den Bergen herunterflackert, die Szenerie.

Der Weg geht sanft abwärts, zunächst über Straßen und Fahrwege, deren Asphalt sich leicht von der Dunkelheit abhebt, so daß ich die Lampe ausschalten kann. Doch nach einiger Zeit gerate ich wieder in eins der steilen, feuchten, üppig bewachsenen Täler, verfange mich in wuchernden Schlingpflanzen, stolpere über kinderkopfgroße Steine und erschrecke vor den tanzenden Schatten, die meine Lampe in diesen Dschungel wirft. Als es auf der anderen Seite wieder steil bergauf geht, spüre ich den fehlenden Schlaf in den Gliedern. Mich fällt Beklemmung an. Das Auge findet in der

Finsternis jenseits des Lichtkegels keinen Halt und sieht eingebildete Gefahren. Jedes Knacken im Gebüsch läßt mich zusammenzucken.

Ich gehe neben einem Bach aufwärts, der Weg verbreitert sich zu einer Wiese, der Lampenschein fällt auf eine Tafel, auf der zu lesen ist, daß ich unter einer Sehenswürdigkeit stehe: Einer natürlichen Brücke aus Felsgestein, die beide Seiten des Tales miteinander verbindet. Ich schaue nach oben und meine wirklich vor dem schwarzen Himmel einen noch schwärzeren Balken zu erkennen. Eine Treppe führt hinauf zu einer hell erleuchteten Ausflugsgaststätte mit einem großen leeren Parkplatz. In der Mitte plätschert ein Brunnen, an dem ich mich erfrische. Weiter eine Straße hinauf, es geht jetzt auf vier Uhr zu, die ersten Autos fahren an mir vorbei. Sie sind schon von weitem zu hören, das Schalten und Gasgeben am Berg, die Beschleunigung auf gerader Strecke, das Wegnehmen des Gases vor der Kurve. Das Fernlicht taucht die Straße in grelles Licht und läßt die Straßenschilder lange Schatten werfen, die sich blitzschnell um die eigene Achse drehen, wenn das Auto an ihnen vorüberfährt, wie eine Sonnenuhr im Zeitraffer. Dann ist es wieder dunkel und still, bis auf das Wetterleuchten am nördlichen Himmel, das in einem Bogen nach Westen gezogen ist und näherkommt. Immer öfter lodern die Wolken wie brennende Türme. Schon kann ich ein leises tiefes Grollen vernehmen.

Der nächtliche Marsch über die Straßen, durch ausgestorbene Dörfer erscheint endlos. Einmal tritt eine Frau im Morgenmantel vor das erleuchtete Viereck einer Haustür und beobachtet irritiert den Wanderer, der grußlos an ihr vorüberzieht. Ein paar Kilometer weiter: ein Gewerbegebiet. Baumaschinen ragen über die Zäune und recken ihre Arme bizarr in den flackernden Himmel. Mehrmals muß ich mich an den Straßenrand setzen, etwas trinken, ein Stück Schokolade essen. Aber ich darf nur kurz verschnaufen, denn das Gewitter kommt näher. Schon klingt das Donnern bedrohlich nah, fallen die ersten Regentropfen. Eilig steuere ich auf eine Kapelle am Straßenrand zu, ein kleines Steinhäuschen. Im Innern ein Kruzifix, Blumen, ein rotes Grablicht. Ein Mensch würde noch hineinpassen, hätte man den Eingang der Kapelle nicht mit einem Eisengitter verschlossen. Ich haste weiter, schaffe es bis zu einer Siedlung, die noch in nächtlichem Schlaf liegt. Rechts eine Scheune. Ihr Dach steht einen Meter vor. Es ist zwar ziemlich hoch, aber der Wind kommt jetzt von der anderen Seite, aus Westen, so daß es ein wenig Schutz bieten könnte. Ich räume den Rucksack aus, ziehe die Regenkleidung an und habe noch Zeit, meine Sachen wetterfest in Plastiktüten zu packen und wieder zu verstauen. Dann geht es los.

Es ist schwer zu beschreiben, was in so einer Situation mit einem passiert. Der Himmel erteilt dem Menschen eine Lektion, rückt die Verhältnisse ins rechte Maß. Der Mensch unterwirft sich dem Himmel sehenden Auges, vertrauend, daß hier kein Zufall am Werk ist. Er denkt nichts, hat keine Angst mehr, fragt sich auch nicht, was passiert, wenn ein Blitz in das Haus schlägt, an das er sich lehnt. Er steht einfach da, mit dem Rücken zur Wand, macht sich so schmal wie möglich und – staunt. Ich erinnere mich, daß es zwei Wellen waren. Die erste war kurz, dafür näher und heftiger. Es blitzte und donnerte im Sekundentakt. Mehrmals schlug es so nah ein, daß Blitz und Donner in eins zu fallen schienen. Sekundenlang war alles von gleißendem Licht erfüllt, und die Umgebung trat so plastisch und gestochen scharf hervor, als sähe ich sie durch ein Vergrößerungsglas, jeden Ast der Bäume, jeden Riß in der Mauer gegenüber, das Zeichen des E 5 rechts an der Hausecke. Ich weiß noch, daß ich in diesem Augenblick laut lachen mußte. Mit der ersten Welle kam der Regen, der mit solcher Wucht auf die Straße stürzte, daß mir die Tropfen ins Gesicht spritzten. Die zweite Welle kam einige Minuten danach. Sie ging rascher über mich hinweg, blieb aber am Berghang unmittelbar gegenüber hängen und tobte sich dort in etwa 500 Metern Entfernung aus. Ich zählte 21, 22, und schon krachte es. Zur Rechten schossen kilometerlange Blitze waagerecht über die Ebene. Die zweite Welle dauerte scheinbar endlos und war von noch heftigerem Regen begleitet als die erste, sein Prasseln auf dem Pflaster war so laut, daß es den Donner fast übertönte.

Jetzt kann ich auch den Temperatursturz fühlen. Kälte kriecht die Beine herauf. Das Gewitter klingt allmählich ab, und der Regen wird schwächer. Als es endgültig vorbei ist, hat es mehr als eine Stunde gedauert. Mit einem Mal ist es Tag geworden. Ich fühle mich wie ein Überlebender. Mein Herz ist leicht.

Mit einem dankbaren Blick auf die Scheune, deren Dach mich vor dem Schlimmsten bewahrt hat, mache ich mich wieder auf den Weg, in den Tag hinein, der nach dem nächtlichen Inferno klar und heiter wirkt, als wäre nichts gewesen. Bald wird es unter der Regenkleidung zu warm. Die Morgensonne glitzert auf den feuchten Blättern. Ich passiere Villen und Wochenendhäuser. Mein ganzes Wollen richtet sich auf den nächsten Ort, der in der Karte eingezeichnet ist. Er heißt Montecchio. Dort hoffe ich auf einen Kaffee und ein

Teilchen. Umso größer ist die Enttäuschung, als zu dieser frühen Stunde – es ist kurz nach acht – alle Bars und Geschäfte geschlossen sind. Vor Erschöpfung begehe ich einen Fehler: Statt zu warten laufe ich einfach weiter.

In Montecchio teilt sich der E 5 in eine Schönwetter-Route und eine Ausweichstrecke für ungünstige Witterung. Da die Sonne wieder scheint, nehme ich die erste, ohne genauer auf der Karte nachzuschauen, was mich erwartet. Es ist wieder eines dieser unheimlichen Täler, die die Lessinischen Berge durchziehen, von allen, die ich bisher durchschritten habe, das steilste und tiefste. Bis ich begreife, wo ich hineingeraten bin, bin ich zu weit gegangen, um noch umzukehren. Über Pfade, die der Regen aufgeweicht hat, über glitschige Felsen, durch triefendes Geäst geht es immer steiler und tiefer bergab. Ich muß mich enorm konzentrieren, um nicht in die Schlucht zu rutschen.

Am Ende steige ich wohl fünfzehn Meter über fast senkrechte Eisenleitern nach unten, dann stehe ich auf dem Grund der Schlucht. Zig Meter hohe Wände ragen über mir auf, sie wirken wie gemauert, weil die Gesteinsschichten in dünnen Lagen übereinanderliegen. Die Wände wölben sich in mehreren Wülsten nach oben hin immer weiter vor, so daß nur ein winziger Spalt Himmel zu sehen ist. Hier unten ist es dämmrig und modrig. Eine üppige Vegetation, Pflanzen mit harten grünen Blättern und dornigen Ranken, wuchert die Wege zu, dicke Fliegen, aggressive Mücken und Bremsen umschwirren mich, der Boden ist mit Schlamm, Geröll und Pfützen bedeckt.

Erst trete ich auf die größeren Steine, um dem Schlamm und den Pfützen zu entgehen, aber schnell lerne ich sie zu meiden, weil ich auf ihnen unvermeidlich ausrutsche. Die Ranken zerkratzen Schenkel und Arme, Wasser läuft von den Blättern in den Kragen, und die Bremsen nutzen jeden Moment, den ich abgelenkt bin, um anzugreifen. Der Weg ist durch die Schlucht vorgeschrieben, und diese hat die Form einer Schlangenlinie. Windung folgt auf Windung.

Jedesmal wenn es etwas heller wird und die Wände weniger steil wirken, hoffe ich, den Ausgang erreicht zu haben, aber hinter jeder Ecke wartet eine neue Kurve mit neuen Hindernissen, umgekippten Baumstämmen, breiten Pfützen, lehmigen Hügeln, die sich unter den Füßen in Rutschbahnen verwandeln. Genau so muß die Hölle sein: ewig durch diese Schlucht zu laufen, vor jeder Kurve zu hoffen, daß dahinter der Ausgang ist, enttäuscht zu werden und trotzdem weiterzugehen, immer weiter, in alle Ewigkeit, weil es keinen Ausweg gibt.

Aber ich bin nicht in der Hölle, sondern im Fegefeuer. Endlich weitet sich die Schlucht zu einem lichten Tal, mit Wiesen und Wald und bald auch mit Landwirtschaft und Gebäuden. Eine asphaltierte Straße. Ich sehe auf die Uhr: Es ist gleich elf am Vormittag. Vor fast dreißig Stunden bin

ich vom Rifugio Fraccaroli aufgebrochen.

An einer Brücke, die über einen Bewässerungsgraben führt, muß ich mich hinsetzen. Atem holen, etwas essen. Ich schaue auf die Schuhe, an denen Schlamm und Pflanzenreste kleben, auf die verdreckten Socken, die zerkratzten Waden. Autos fahren vorbei und ein paar schwitzende Radfahrer. Die Häuser da hinten dürften schon zu Verona gehören.

Verona heißt an dieser Stelle Avesa. Ein Vorort. Auf einem langgestreckten Platz findet Alltag statt. Menschen parken Autos, gehen in Geschäfte, schieben Kinderwagen. Eine farbige Tafel steht unbeachtet herum. Sie erklärt, daß der E 5 hier zu Ende ist. In einem kleinen Laden kaufe ich eine Dose Cola. Der Verkäufer, ein dicklicher älterer Mann, hält meine Hand länger als nötig fest, streichelt sie und schaut mich warmherzig an. Offenbar haben die Tage ohne Dusche meiner Ausstrahlung nicht geschadet. Zwei Türen weiter erstehe ich in einer Bäckerei ein großes Stück Pflaumenkuchen. Jetzt bin ich gestärkt für das letzte Stück, das sofort alle Horrorvorstellungen von der Ebene bestätigt, die mir in der letzten Woche im Kopf herumgespukt sind.

Die Straße von Avesa nach Verona ist gut zwei Kilometer lang, gut befahren und hat weder Seitenstreifen noch Bürgersteig, sondern links und rechts nur Mauern, Häuser, Zäune, Hecken, Büsche, Bäume. Sie ist zudem kurvig, so daß ich herannahende Autos nicht sehen kann und die Ohren weit aufsperren muß. Bevor sie plötzlich haarscharf um die Ecke schießen, muß ich mich blitzschnell an die Mauer pressen oder in die Büsche werfen, um nicht gestreift zu werden.

Nach einer endlosen halben Stunde erreiche ich die Stadtgrenze: Mittelstandswohnblöcke, Krankenhäuser, Schreibwarenläden, Immobilienmakler. Ein dicker einäugiger Mann sitzt mit bloßem Oberkörper am Straßenrand und langweilt sich. Er spricht mich an: Woher, wohin? Er war in Deutschland und will mir den Weg ins «Centro» unbedingt auf deutsch erklären. Das einzige Wort, das ich verstehe, ist «Bahnhof». Aber ich will nicht zum Bahnhof, noch nicht.

Die Altstadt von Verona betrete ich bei der Kirche San Zeno. Das umgebende Borgo schläft den Schlaf einer Provinzstadt. Weil mir auch hier niemand so richtig den Weg erklären kann – oder liegt es daran, daß ich nicht in der Lage bin, zu sagen, wo ich hin will? –, kaufe ich mir am Kiosk einen überteuerten Stadtplan. Damit gelange ich über den Corso, der mir ungeheuer mondän vorkommt, auf die belebte Piazza delle Erbe, den ältesten Platz Veronas. Ich zähle den 26. Tag meiner Wanderung. Es reicht für heute.

Im Paradies

Die Villa hat einen Garten, der einem Grand Hotel Ehre machen würde. Sie liegt am Hang des Hügels San Pietro, nahe jener Stelle, wo die Berge sich mit dem Bogen berühren, den die Etsch an dieser Stelle beschreibt. Aus dieser Berührung von Berg und Fluß, von Berg und Ebene entstand Verona. Der Genius loci offenbart sich einem sofort.

Die Römer bauten eine Brücke, die heute noch begehbar ist und wie vor 2000 Jahren die Stadt, die der Fluß von drei Seiten beschützt, mit dem Fuß des Hügels verbindet. Dort steht das Theater. Oben auf der Kuppe befand sich einst der römische Tempel, später eine Kirche und eine Burg. Heute thront an dieser Stelle ein österreichischer Kasernenbau aus dem 19. Jahrhundert, dessen einschüchternde Wirkung von zierlich schlanken Zypressen etwas gemildert wird. Auf den Hängen des Hügels hatte man wohl schon in römischer Zeit Terrassen angelegt, jedenfalls waren sie schon da, als in der Renaissance der veronesische Adel das Terrain entdeckte. Zu denen, die hier Villen und Gärten anlegten, gehörte die Familie della Torre.

In der Mitte des 16. Jahrhunderts korrespondierte ein Gentile della Torre mit dem Bologneser Philosophen und

Naturgelehrten Ulisse Aldrovandi, der zu jener Zeit in Bologna sein «Teatro della natura» – ein naturkundliches Museum – errichtete. Aldrovandi war eigens nach Verona gekommen und hatte den «raro giardino» della Torres besichtigt. Zu den raren Pflanzen, die in dem Garten blühten, gehörten neben Myrten, Lorbeeren und Artischocken auch Zitronen und Orangen, die goldenen Äpfel des Mythos. In den «Nürnbergischen Hesperiden» des Botanikers Johann Christoph Volkamer, die kurz nach 1700 erschienen, findet man einen farbigen Stich, der den Garten und die Villa am Hang abbildet, darüber schwebend eine riesige aufgeschnittene Zitrusfrucht.

Im Laufe der Jahrhunderte wechselte das Anwesen mehrmals den Besitzer. Die letzten, die es besaßen, war eine Familie Francescatti, deren Namen es noch heute trägt. Nachdem die Villa das halbe 20. Jahrhundert leergestanden hatte, das Dach eingefallen, der Garten verwildert war, fand sich eine Bank bereit, Geld in die Renovierung zu stecken. Das war 1978. Heute blüht der Garten wieder. Palmen und hohe Bäume, deren Namen ich nicht kenne, stehen dort und werfen ihren Schatten auf kühle grüne Rasenflächen und Wege, die von Rhododendren und Buchshecken eingefaßt werden. Die Villa ist wieder bewohnt, von Menschen aus aller Welt, die schwatzend über die ausgetretenen Steinstufen des mit Fresken geschmückten Treppenhauses laufen, aus den hohen Fenstern schauen und sich allein oder in kleinen Gruppen im Garten entspannen. Die Villa Francescatti ist ein «Ostello della Gioventù»: eine Jugendherberge.

Die Villa hat einen Garten

Wie in solchen Einrichtungen üblich, herrscht eine rigide Disziplin. Tagsüber hat man keinen Zugang zu den Schlafräumen und Duschen. Erst ärgert mich das, aber dann verziehe ich mich mit zwei eisgekühlten Flaschen Becks, die ich auf dem Weg hierher erstanden habe, in den Garten und lege mich auf den Rasen. Ich trinke das Bier, schaue in den wolkenlosen Himmel, lausche dem Gezwitscher der Vögel und habe das Gefühl, nach dem Fegefeuer ins Paradies aufgenommen worden zu sein.

Ein irdisches Paradies, in dem der Sozialismus gesiegt hat. In die herrschaftliche Villa ist das touristische Proletariat eingezogen. Neuseeländische Backpacker mögen über die diktatorische Hausordnung die Nase rümpfen. Doch die Hausordnung, die große Gleichmacherin, garantiert die Herrschaft des Rechts über das Geld. Die beiden Püppchen aus Bad Homburg, die mit Papis Golf angereist sind, müssen sich ihr genauso unterwerfen wie der Leipziger, der auf seinem Drahtesel hergestrampelt ist. Friede den Palästen – solange auch Proletarier in ihnen wohnen! Im übrigen wird die Diktatur zwar unbeugsam, aber sehr relaxed exekutiert. Das Personal ist jung. Einer erzählt mir, daß er in Padua Tourismus studiert. Durch die Arbeit in der Villa Francescatti finanziert er sein Studium und sammelt nebenbei erste berufliche Erfahrungen.

Der Müßiggang ist das einzige, was uns vom Paradies bleibt. Gleich nach der Ankunft hatte ich Kontakt mit meinem Vater aufgenommen, der auf dem Weg hierher ist, um mir frische Kleidung und Ausrüstung zu bringen. Weil ich durch den Nachtmarsch einen Tag früher in Verona angekommen bin als geplant, muß ich auf ihn warten: Zeit zum Nichtstun. Das heißt, zum Ausschlafen natürlich, Wäsche waschen, Emails schreiben – und Leute beobachten. Tourismus zweiter Ordnung nenne ich es, wenn man nicht die Einheimischen in ihrer Umgebung besichtigt, sondern die anderen Touristen.

Die beiden Püppchen aus Bad Homburg haben Verehrer gefunden, was sie sichtlich aufblühen läßt. Zwei Familien aus Österreich, die preisbewußt reisen, neiden mir den Tisch im Garten, an dem ich sitze und schreibe. Ist auch ungerecht, daß ein Einzelner sich am Tisch breitmacht, während acht Menschen, Männer, Frauen, Kinder, ihre Pizza im Gras verzehren müssen. Dabei müßten sie das nicht einmal, sie bräuchten mich nur zu fragen, ob sie sich dazusetzen dürfen. Obwohl sie mir unsympathisch sind, würde ich nicht nein sagen, denn wir sind ja im Sozialismus. Aber sie fragen nicht. Stattdessen lassen sie sich unnötig nah beim Tisch auf dem Rasen nieder, damit ich ihre Gespräche anhören muß. Das ist ihre Rache dafür, daß sie sich nicht zu fragen trauen.

Die Konversation wird von den beiden Frauen dominiert. Die eine spricht nur über Geld, die andere über Farbtherapie und Familienaufstellung. Sie macht eine therapeutische Ausbildung, von der sie sich – besser spät als nie – eine berufliche Karriere erhofft. Es ist offensichtlich, daß keine von beiden sich auch nur einen Deut für das interessiert, was die andere sagt. Wenn die Männer zwischendurch zu Wort kommen, dann schwärmen sie von dem Lamborghini-Museum, das sie heute besichtigt haben. Immerhin sind sie sich einig in ihrer Begeisterung.

Schon nach einem Tag vertreibt die Langeweile mich aus dem Paradies. Die Beine sind unruhig, sie vermissen ihre Arbeit. Ich gehe in die Stadt. Vor dem Haus Via Cappello Nummer 23 drängen sich die Menschen. Die Stadtverwaltung hat das mittelalterliche Gebäude zum Familiensitz der Capulets erklärt, um den Wallfahrern der Liebe einen Ort zu geben, wo sie dem Mythos von Romeo und Julia huldigen und ihre Gebete verrichten können.

Die Wände der Einfahrt und des Innenhofs sind bedeckt mit Graffiti und kleinen, durch Kaugummi befestigten Zetteln, mit denen Paare sich ewige Treue schwören und einsame Herzen um Erhörung bitten. Klassisch: «Love you forever, Caroline». Unkonventionell: Maite, Carlos und Jordi aus Barcelona hoffen, daß ihre Dreierbeziehung noch lange hält. Uneigennützig: «Wir wünschen Bernd, daß er endlich eine Frau findet. Bine und Peter.»

Im Innenhof des Hauses wurde 1935 ein Balkon im mittelalterlichen Stil angebracht, auf dem sich die Mädchen fotografieren lassen. Eng ist es in dem Hof mit den vielen Menschen, und ich bin ständig jemandem im Weg, der ein Foto von seiner Liebsten machen will. Also zwänge ich mich wieder hinaus und spaziere durch die Gassen, die sich allmählich leeren, weil es Mittag ist und heiß wird und die Leute sich in die Restaurants zurückziehen. Ich gehe weiter durch die Stadt, gehe ohne Ziel, einfach so dahin. Ich gehe zwanghaft langsam, als wenn etwas meine Schritte drosseln würde. Es ist die Gewohnheit wochenlangen Wanderns, die mich nicht mehr anhalten, weder beschleunigen noch abbremsen läßt. Die Beine gehen wie ein aufgezogenes Uhrwerk, das unablässig tickt, gleichmäßig und federleicht. Wenn ich anhalte, verspüre ich ein dumpfes Ziehen von den Füßen bis in die Hüfte, das gleich wieder verschwindet, sobald ich weitergehe. Ich nenne es «Stehschmerz»: Vermutlich handelt es sich um eine Berufskrankheit des Pilgers.

Irgendwann betrete ich eine Kirche. Sie ist dem heiligen Lorenz geweiht und steht nahe der Etsch, eingezwängt zwischen Häusern, die ihre beiden zylindrischen Türme überragen. Als ich eintrete, nimmt mich die Intimität des Raumes sofort gefangen. Kreuzförmig gemauerte Pfeiler wechseln mit römischen Marmorsäulen und ziehen den Blick in die Höhe, zu den Galerien und Wänden aus abwechselnden Lagen roter Ziegel und weißer Steine. Die Farben verleihen dem dunklen, kühlen Kirchenraum etwas Wärme und Licht. Es fehlt fast jeder Schmuck, so daß der bloße Raum seine Wirkung entfalten kann. Er scheint sehr schmal, weil er viel länger und höher als breit ist. Die Bögen und Galerien sind ebenfalls schmal und hoch. Sie verstärken den Eindruck der Intimität, einer Intimität, die sich nach oben ins Unendliche öffnet.

Außer mir ist niemand in diesem Raum. Ich sitze da, betrachte lange die rotweißen Wände, die wie abgenutzt wirken von den Gebeten, die seit Jahrhunderten an ihnen widerhallen, und lausche in die Stille. Ich bin dankbar, die lange Reise über die Berge heil überstanden zu haben. Doch wie soll es weitergehen? Soll ich weitergehen? Körperlich fühle ich mich stark, bin nach einer gut durchschlafenen Nacht wieder ausgeruht. Aber der Wille ist schwach. Ich muß an den Einarmigen bei Bad Tölz denken, der mir viel «geistige Kraft» gewünscht hatte. Der Mann wußte, wovon er sprach. Wenn ich an die Ebene denke, wird mir fast schlecht. Vor allem der Autoverkehr ängstigt mich. Ich habe mich in der Stadt umgehört, bei der Touristen-Information, beim Alpenverein, in Buchhandlungen, sogar beim Naturschutzverband bin ich gewesen, doch niemand konnte mir sagen, wie man zu Fuß durch die Po-Ebene kommt. Ich horche in den hohen leeren Kirchenraum und warte auf eine Antwort. Aber der Raum schweigt.

Vater

Zur verabredeten Zeit stehe ich in Porta Nuova, Veronas Hauptbahnhof. Der Eurocity fährt ein und entläßt Massen von Menschen. Zum Glück ist mein Vater groß, fast zwei Meter, und so erkenne ich ihn gleich im Gewühl.

Das Quartier, das ich für uns ausgesucht habe, liegt auf der anderen Seite der Altstadt, wo sich jenseits des Flusses, aber noch innerhalb der Stadtmauern, ein kleinbürgerliches Viertel erstreckt. In den Häusern, die alt sind und großenteils renovierungsbedürftig, leben viele Schwarzafrikaner, auch Araber und Pakistaner. Einige tragen bunte Gewänder, manche einen Fes, andere fahren mit alten Mercedes-Limousinen, die tief in den Stoßdämpfern hängen, im Schrittempo die Straße hinunter. Dönerbuden, Phoneshops, afrikanische Läden reihen sich aneinander. In einem Hauseingang sitzt ein dicker junger Araber mit bloßem Oberkörper und Krücken auf der Schwelle und döst. In einer offenen Werkstatt arbeitet ein Holzbildhauer, ein älterer Italiener, an grobgeschnitzten Pinocchio-Figuren. Wir sehen Leute mit Einkaufstüten, gehen in die Richtung, aus der sie kommen, und finden einen Discount-Supermarkt, in dem das Gewusel eines Basars herrscht. Hier gelten besondere Spielregeln. Man muß aufpassen, daß andere Kunden einem die Sachen nicht aus dem Einkaufswagen nehmen.

Zum Glück sind wir zu zweit, so kann einer aufpassen. Wir schaffen unsere Einkäufe unbeschadet hinaus und zur «Foresteria Campo Fiore».

Der etwas sterile, aber komfortable Neubau ist eigentlich ein Studentenwohnheim. Im Sommer betreibt eine Kooperative von Arbeitslosen hier eine Pension, die mir der Tourismus-Student aus der Villa Francescatti empfohlen hatte. Aus der Tür kommt uns eine Gruppe junger Menschen mit Namensschildern am Hemd entgegen, in Begleitung von leger gekleideten älteren Herren: Nachwuchswissenschaftler mit ihren Professoren. An der Rezeption sitzt Valentina, das hilfsbereite, stets lächelnde Mädchen mit dem kurzen blondgefärbten Haar. Sie hatte mir erzählt, daß sie Köchin gelernt hat und gern eine Berghütte pachten würde, am liebsten das Rifugio Fraccaroli, in dem ich vor ein paar Tagen übernachtet habe. Aber an so etwas heranzukommen, sei schwierig.

An meinen Geschichten und Sorgen nimmt sie großen Anteil. Von ihr bekomme ich Töpfe und anderes Geschirr, damit ich meinem Vater in einer der Küchen des Wohnheims ein Essen zubereiten kann.

Als Kind bin ich oft mit meinem Vater verreist. Von ihm habe ich das Reisen gelernt, das Bahnfahren vor allem, und daß man in den Städten zu Fuß gehen muß. Wenn ich damals neben ihm ging, mußte ich für jeden seiner Schritte selbst zwei machen, um mit seinen langen Beinen mithalten zu können. Jetzt sitzt er mir in der schmucklosen, weißgekachelten Wohnheimküche gegenüber, wir essen Pasta asciutta, trinken Wein, und mir wird bewußt, daß wir uns lange nicht allein unterhalten haben, ohne den Rest der Familie. Er ist ein stiller Mensch und Einzelgänger, der sich gern vor dem familiären Trubel zurückzieht. Ich erzähle ihm von dem Priester und dem Hund, dem morgendlichen Gewitter – ein Jahrhundert-Ereignis, über das am nächsten Tag sogar in der Zeitung berichtet worden war – und von der Angst vor der Ebene, vor den Straßen und Autos. Daß ich nicht weiß, ob ich weitergehen soll. Nachdem er mir lange zugehört hat, beschwört er mich weiterzumachen. Schließlich sei er eigens hergekommen, um mich zu unterstützen. Da könnte ich doch nicht einfach aufgeben. Der alte Pädagoge legt sich mächtig ins Zeug und benutzt seine Anwesenheit als moralisches Druckmittel. Ich bin gerührt. Am Ende verspreche ich ihm, es wenigstens zu versuchen. Den Zug nehmen und heimkehren kann ich jederzeit, da hat er Recht.

Wäre mein Vater nicht gewesen, ich hätte die Reise wohl in Verona abgebrochen. Nicht nur aus mentaler Erschöpfung und «horror vacui», der Angst des Bergwanderers vor der Ebene. Im paradiesischen Garten der Villa Francescatti hatte sich Befriedigung über die geglückte Alpenüberquerung eingestellt, immerhin hatte ich 20 000 Höhenmeter im Auf- und Abstieg bewältigt, und ich begann, das Ende einer Etappe für das Ende des Weges zu halten. Mein Vater hat mich daran erinnert, daß ich noch weiter wollte.

Am nächsten Tag gehen wir zusammen zur Porta Nuova. Zum Abschied spendiert er mir eine Cola aus dem Automaten auf dem Bahnsteig. Am Hinterausgang des Bahnhofs, auf dem Betriebsgelände der Staatseisenbahn, umarmen wir uns kurz. Dann gehe ich hinaus in die Ebene.

Die Ebene (I)

Vor mir liegt eine sechsspurige Straße, deren mittlere Spuren sich nach hundert Metern zu einer Betonbrücke erheben, unter der ich durchgehe, vorbei an Industriebrachen, dann wird die Straße schmaler, rechts und links stumpfe Fassaden, Sonnenstudios, Versicherungsbüros, Zoohandlungen und Cafés mit Leuchtreklamen im Fenster. Die Leute auf dem Bürgersteig schauen mich irritiert, aber verstohlen an, als scheuten sie sich, ihr Befremden über den schwerbepackten Wanderer zu zeigen.

Der intensive Geruch einer Kaffeerösterei überdeckt die Abgase der Autos. Bald lockert die Bebauung auf. Zwischen

Wohnblöcken liegen die ersten Felder, auf einem schattigen Balkon sitzen Rentner in Unterhemden und diskutieren lautstark über Politik. In den Straßengräben liegt haufenweise Müll, Müll so bunt wie die großen Hallen, von denen sich nun eine an die andere reiht, davor weite Parkplätze: Möbelmärkte, Reifenservice, Steak-Restaurants, Sanitärbedarf.

Ich überquere die Autobahn, die gesäumt ist von Bürotürmen und Lagerhallen, dann wieder Wohnviertel: Reihenhäuser mit Maschendrahtzaun, geharkte Kieswege, kurzgeschorene Rasenflächen, Sitzgarnituren aus Plastik, Hunde, die beim Vorbeigehen anschlagen. Wie aus Ironie tragen die Querstraßen die klangvollen Namen der Berge, die hinter mir liegen: Via Cima Carega, Via Monte Pasubio. Die Via Monti Lessini mündet nach wenigen Metern in den Hof

einer Autowerkstatt. Dann passiere ich lauter Straßen, die nach Kalendertagen benannt sind: Via XX Settembre, Via IV Novembre, II Giugno, XI Febbraio und so weiter. Wenn man eine Liste aller Straßennamen Italiens erstellen würde, ob dann jeder Tag des Jahres wenigstens einmal vertreten wäre?

Weil es nichts anderes gab, hatte ich mir in Verona eine Straßenkarte der Provinz besorgt. Autobahnen sind gelb eingezeichnet, Staatsstraßen rot, die anderen grün und ganz unbedeutende lediglich weiß. Ich will ohne Benützung der gelben und roten Straßen auf einer möglichst geraden Linie zunächst Ostiglia erreichen, das vierzig Kilometer südlich von Verona am Po liegt. In S. Giovanni Lupatoto, bei einem weiten rechteckigen Platz mit Banken und Boutiquen, halte ich mich rechts und erreiche endlich das flache Land. Abrupt hört der Bürgersteig auf.

Die «Niederlande Italiens», wie Victor Hehn die Po-Ebene genannt hat, sind eine Welt der Maisfelder, Reisfelder, Tabakfelder, Tomatenfelder. Felder überdacht mit endlosen Bögen von Plastikplanen, deren spitze Gestelle entfernt an die Fenster gotischer Kirchen erinnern. Eine Welt der Strommasten, der Pappelplantagen in Reih und Glied, der schnurgeraden Kanäle, die träge dahinfließen, der Asphaltstraßen, die erst am Horizont enden. Hier und da steht ein Industriebetrieb auf der grünen Wiese oder eine moderne Lagerhalle, die von schweren LKWs angefahren wird. Einer dieser Kolosse wirbelt einen Zettel auf, der mir vor die Füße flattert. «Aldi Nord» steht darauf. Der Großraum Verona ist eine der größten Drehscheiben für den Gütertransport in Europa. Ich hatte gelesen, daß hier mehr Waren umgeschlagen werden als im Hafen von Genua: daher die vielen Laster, selbst auf den grünen und weißen Straßen. Gelegentlich drehe ich mich um und schaue nach Norden, wo die Silhouette der Berge allmählich im Dunst verblaßt, bis sie nur noch Intuition, nur noch Erinnerung ist.

Am späten Nachmittag komme ich in ein Dorf mit Alleen und einem großzügigen Boulevard, der einer Stadt Ehre gemacht hätte. In der Dorfmitte ragt eine mächtige mittelalterliche Burg auf, die den Scaligeri gehörte, den Tyrannen von Verona. Ihr gegenüber steht die Gemeindeverwaltung. Da die Tür geöffnet ist, gehe ich hinein, um mir einen Stempel zu holen. Ich trage ein kleines Heft mit mir herum, in das ich jeden Tag einen Stempel setzen lasse, auf dem Amt, bei der Post, in einer Wirtschaft, wo immer ich gerade vorbeikomme. Zusammen mit dem Geleitbrief sollen die Stempel meinen Status als Pilger bezeugen.

Die Gemeindeverwaltung wird gerade renoviert. Statt eines Beamten kommt mir ein junger Maurer entgegen, der fragt, was ich hier suche. Das Amt sei geschlossen. Als ich es ihm erkläre, bricht er in stürmische Begeisterung aus. Er schüttelt mir zeremoniös die Hand und verbeugt sich dabei tief. Ob ich auch den Stempel seiner Firma nähme? Er zieht mich auf die Straße zu seinem Transporter und kramt vom Armaturenbrett, aus einem Wust von Papieren und Werkzeug, einen Stempelautomaten hervor, den er mir fein säuberlich in das Heft drückt. Dann überschüttet mich der Maurer wieder mit Komplimenten. Ich frage ihn, wo ich übernachten könne. Er nennt mir ein Hotel im Nachbarort, wo er seine auswärtigen Arbeiter unterbringe. Aber dieser Ort liegt nicht in meiner Richtung. Sein Angebot, mich mit dem Auto hinzufahren, schlage ich aus.

Stattdessen beginne ich nun, die Bauernhöfe entlang der Straße abzuklappern, die aus dem Ort nach Süden führt. Beim ersten öffnet niemand, beim zweiten schickt mich eine Frau mit einem Wink der Hand davon, bevor ich sie ansprechen kann, beim dritten hindern mich böse knurrende Hunde am Näherkommen, beim vierten empfiehlt man mir eine Trattoria, einen Kilometer die Straße hinunter. Schräg gegenüber, auf der anderen Straßenseite steht ein alter Bauer vor seinem Hof. Er spricht mich an und fragt mich nach dem Woher und Wohin. «Mit Stock und zu Fuß!», ruft er aus. Wie alt ich sei? – «33.» – «Come il signore! Wie der

Herrgott!» Seine Augen leuchten. Was für Beine ich haben müsse! Plötzlich guckt er mißtrauisch. Ich sei doch hoffentlich Christ? – «Ja, natürlich», sage ich leutselig. Als ich ihm von der Suche nach einem Schlafplatz erzähle, verengt sich sein Blick. Da hinten sei eine Trattoria. Gewiß könne man mir dort helfen. «So ein Scheinheiliger», denke ich.

Die Füchse haben ihre Gruben und die Vögel unter dem Himmel haben Nester, aber des Menschen Sohn hat nichts, da er sein Haupt hinlegt. Die Trattoria hat heute Ruhetag. Die Tür ist nur angelehnt. Ich betrete den dunklen Schankraum und rufe. Eine füllige, ältere Frau kommt aus einem Hinterzimmer und sagt: «Geschlossen.» Abgesehen davon vermiete sie keine Zimmer. Das nächste Hotel in meiner Richtung befinde sich in Nogara. Vorher gebe es noch einen «Agroturismo» – Ferien auf dem Bauernhof. Da soll ich es versuchen.

Der Agroturismo ist von hohen Zäunen umstellt und mit einem eisernen Tor gesichert. Ich rede mit einer Sprechanlage. Die Sprechanlage sagt, daß sie Zimmer frei hat. Ich frage, was sie kosten. Die Sprechanlage antwortet: «Fünfzig Euro.» Ich sage, das könne ich mir nicht leisten. Die Sprechanlage knackt und verstummt. Ich schaue zum Himmel. Es ist diesig, der Dunst dickt allmählich zu Wolken ein. Die Sonne hängt über einem Maisfeld, ein leuchtend roter Ballon. Gleich wird er auf den spitzen Blättern der Stauden zerplatzen.

Als ich in Nogara ankomme, ist die Nacht schon da. Das Zentrum des Ortes besteht aus einer Kreuzung zweier Staatsstraßen, groß wie ein Platz, die spärlich von Laternen erleuchtet wird. Jemand erklärt mir den Weg zu einem Hotel. Vor einem Café auf dem Bürgersteig sitzen Leute, die sich lauthals über mich lustig machen. Ich tue, als würde ich es nicht bemerken. Kurz danach stehe ich vor dem Hotel. Im Erdgeschoß befindet sich eine Bar, die schon halb dunkel ist. Eine Handvoll Gäste trinken ihr letztes Bier. Ich frage nach einem Zimmer. Der Mann hinter der Bar zuckt die Achseln. Das Hotel werde renoviert. Ich versuche ihn zu überreden, mich trotzdem aufzunehmen. Er sagt: «Mi dispiace. Tut mir leid.» Ich flehe und bettele, aber er bleibt unerbittlich.

Wieder auf der Straße spricht mich ein Mann an. Er hat schütteres Haar, trägt eine schaufenstergroße Brille auf der Nase und führt eine viel jüngere Frau im geblümten Kleid spazieren. Ob ich irgendeine Information benötige? Als ich sage, daß ich einen Platz für die Nacht brauche, setzt er eine Miene des Bedauerns auf. Leider sei er nicht von hier. Er rät mir, in einem der vielen leerstehenden Häuser außerhalb Nogaras zu übernachten. Also gehe ich in südlicher Richtung aus dem Städtchen und halte dabei nach leerstehenden Häusern Ausschau. Aber alles wirkt bewohnt. Aus den Vorgärten fällt Licht auf die Straße, alte Leute sitzen auf Bänken vor der Tür, spielende Kinder werden von ihren Müttern ins Haus gerufen, Hunde bellen. Nach ein paar Kilometern hört die Bebauung auf. Jetzt stehen nur noch einzelne Höfe zwischen den Feldern, deren Fenster einsam in die Dunkelheit leuchten.

Im Mittelalter wäre es mir wohl besser ergangen, in den fernen Jahrhunderten, als Gastfreundschaft noch heilige

Pflicht war. Von den Bräuchen der Germanen will ich gar nicht reden, die dem Fremden den Ehrenplatz am Tisch und nicht selten auch das Lager bei der Gemahlin überließen. Denn man wußte ja nicht, mit wem man es zu tun hatte. Der Fremde konnte ein verkleideter Gott sein, der den Gastgeber auf die Probe stellen wollte, und wehe dem, der ihn nicht ehrenvoll behandelte! Ganz ähnlich lautete die christliche Theorie: Im schutz- und mittellosen Wanderer klopfte Christus selbst an die Tür. In der Praxis blieb davon immerhin übrig, daß der Reisende überall im mittelalterlichen Europa ein Recht auf kostenlose Unterkunft hatte, wenn auch nicht auf Verpflegung. Aber auch dieses Recht wurde ihm nicht immer gewährt. Ein Landfrieden, der im 11. Jahrhundert verkündet wurde, drohte jedem, der einem Reisenden die Unterkunft verweigerte, peinliche Strafen an: Der Dorfvorsteher sollte dem Ungastlichen vor allen Leuten das Haupthaar scheren und ihn dann gehörig durchprügeln lassen. Ich male mir genüsslich aus, wie ich den scheinheiligen Bauer vor den Kadi gezogen und er seine Tracht Prügel erhalten hätte. Andererseits sind drastische Verordnungen wie diese ein Indiz dafür, daß das Gebot der Gastlichkeit selbst im Mittelalter nicht immer befolgt wurde. Auch nicht im schon damals wohlhabenden Norditalien. Ein Chronist berichtete im 11. Jahrhundert, der deutsche Kaiser Heinrich II. sei froh gewesen, aus Italien heimzukehren, denn jedem, der durch dieses Land reise, falle die mangelnde Gastfreundschaft seiner Bewohner auf.

Um kurz nach zehn komme ich in eine kleine Siedlung um eine alte Kirche. Im Kirchgarten sind große Zelte aufgebaut. Am Wochenende wird hier «Das Fest der Ente und des Reises» gefeiert, steht auf einer Tafel. Unter dem schützenden Dach der Zelte rolle ich die Isomatte auf den Rasen und lege mich in den Schlafsack. Während ich daliege und einer schwermütigen E-Gitarren-Musik zuhöre, die der Wind von irgendwo heranträgt – ich stelle mir dazu die Tristesse eines Kaurismäki-Films vor: eine schlechtbesuchte Gartenparty mit Lampignons und selbstgemixten Cocktails, auf der in die Jahre gekommene Paare wortlos und verloren vor sich hintanzen – während ich so daliege, geht in den Zelten plötzlich grelles Neonlicht an. Ich richte mich auf und sehe einen weißhaarigen Mann in Shorts und Polohemd mit einem Schlüsselbund in der Hand auf mich zukommen. Mein Anblick scheint ihn nicht sonderlich zu irritieren. Ich frage ihn: «Posso stare qua? Darf ich hier sein?» Er sagt: «Ja. Ich muß nur kontrollieren. Dann lösche ich das Licht.» Keine weiteren Fragen. Nach ein paar Minuten verschwindet er, und das Licht geht aus. Den klagenden Ton der E-Gitarre im Ohr, das Bild traurig tanzender Gäste vor Augen, schlafe ich ein.

Jenseits des Po

Ein Stein mit einer Inschrift, in eine Hauswand eingemauert: Sechs und eine dreiviertel Meile bis Ostiglia. Vor mir liegt das letzte Stück der Via Claudia Augusta, einer Römerstraße, die einst von Donauwörth über Augsburg, über den Fernpaß und den Reschenpaß, über Meran, Bozen, Trient, Verona nach «Hostilia» führte und bis in die Neuzeit Donau und Po miteinander verband. Die Straße verläuft geradewegs durch ein langgestrecktes Dorf, in dem noch alles zu schlafen scheint, bis auf einen Hahn, der kräht. Am Dorfausgang mündet sie in einen Feldweg, rechts daneben fließt in seinem kanalisierten Bett der Tartaro. Am anderen Ufer sehe ich den ersten Menschen heute: Ein kleiner Mann im Anorak knattert mit seiner Vespa den Fluß entlang, bleibt stehen und wirft eine Angelrute aus. Den Helm läßt er dabei auf.

Kurz danach höre ich Schüsse. Sie hallen laut über das weite farblose Land, über dem eine gleichmäßige blaugraue Wolkenschicht hängt wie eine Steppdecke. Schwer zu sagen, wo die Schüsse herkommen, aber sie klingen sehr nah, bis ich an einer dieser Pappelschonungen vorbeigehe, die so regelmäßig und gerade gewachsen sind, daß man zwischen den Baumreihen hindurchschaut wie durch die Kolonnaden am Petersplatz. Die Bäume dämpfen den Schall etwas. Ich scheuche Rebhühner auf, Frösche hüpfen vor meinen Füßen davon, es raschelt im Gebüsch, eine Schlange, braun, dick, verschwindet blitzschnell im Schilf.

Die Ebene ist sumpfig und mit Gräben und Kanälen durchzogen, die die Felder begrenzen. Dazwischen sind Wälle mit Fahrwegen aufgeschüttet. Wegen der Gräben bin ich dem Weg ausgeliefert, den ich gewählt habe. Querfeldein zu einem anderen zu wechseln ist unmöglich, denn die Gräben sind breit, und ihre trübe grünbraune Farbe lädt nicht zu einem Bad ein. Kilometerlang verläuft der Weg so, wie er der Karte nach verlaufen müßte, zuletzt wieder neben dem Fluß auf einem Damm, auf der anderen Seite Maisfelder, Waldstücke, Schilfgestrüpp, dorniges Gebüsch. In der Ferne

erkenne ich ein Wehr. Als ich näherkomme, sehe ich, daß der Weg mit einem Eisentor und Stacheldraht versperrt ist, dahinter liegt ein Haus mit einem großen Hof. Über den Hof kommen zwei Doggen auf mich zugeschossen. Sie knurren böse, bellen und fletschen die Zähne. Weiter hinten zerrt ein dritter Hund an seiner Kette.

Eine Zeitlang stehe ich unschlüssig, mit Anflügen von Verzweiflung vor dem Tor. Dann sehe ich, wie sich der Vorhang an einem Fenster des Hauses bewegt. Dort sitzt eine alte Frau. Ich winke ihr zu. Der Vorhang schließt sich wieder. Einige Minuten später kommt ein Mann mittleren Alters um die Ecke gebogen. Er geht langsam, spöttisch grinsend auf das Tor zu. «Ich glaube, ich habe mich verlaufen», sage ich zu ihm. – «Das glaube ich auch.» Durch das Gitter reiche ich ihm die Karte und frage, wo ich bin und wo ich langgehen soll. Wie sich herausstellt, ist die Karte ungenau. Ihr ist nicht zu entnehmen, daß die alte Kaiserstraße an dieser Stelle auf den Hund gekommen ist. Der Mann dreht sich wortlos um und geht. Er bindet die Doggen an. Danach öffnet er das Gitter, begleitet mich über den Hof zu einem weiteren mit Stacheldraht bewehrten Tor und läßt mich hinaus. Nach einer halben Stunde finde ich die «Statale», die moderne Staatsstraße von Verona nach Ostiglia.

Ostiglia, in Etzlaubs Karte als «Ostia» verzeichnet, war auch im Mittelalter einer der wenigen Po-Übergänge. Heute führt eine mehrere hundert Meter lange Brücke über den Fluß. Zwei Spuren sind für Autos reserviert, eine ist für die Eisenbahn und daneben eine für Radfahrer und Fußgänger. Jedesmal wenn ein LKW hinüberfährt, gerät die Brücke bedenklich ins Schwingen. Auf der Mitte halte ich an, lasse den Blick über den breiten Fluß schweifen zum zurückliegenden Ufer, zu den Dächern von Ostiglia, die sich hinter den Deich ducken, und zu dem grotesk riesigen Kraftwerk daneben mit seinen rotweißen Schloten. Da entdecke ich an einer der Stahlverstrebungen der Brücke ein Graffito, mit Edding hingekritzelt: «Napoli – Monaco. Andi Felix Christian 2004.» Ich bin perplex, so muß sich ein Astronaut fühlen, der auf einem fernen Planeten eine Inschrift von Menschenhand

Ostiglia war auch im Mittelalter ein Po-Übergang

findet. Den Sinn dieser Zeichen verstehe ich sofort, auch wenn ich die Urheber nicht kenne: Die Überschreitung des Po war ein besonderes Ereignis für sie.

In der Ebene sind noch andere Graffiti zu sehen, an Getreidesilos, Brücken, an den Betonpfeilern einer unvollendeten Autobahntrasse: «Lega Nord» lese ich, «Padania libera» oder – eine Reminiszenz an den mächtigen Städtebund, der den staufischen Kaisern im Mittelalter soviel zu schaffen machte – «Lega Lombarda». Da und dort ein Hakenkreuz. Unheimliche Zeichen sind das. Sie zeigen, daß in der Tiefe des Landes unsichtbare Kräfte am Werk sind, eigensinnige Kräfte, die nur manchmal an die Oberfläche kommen. Die sorgsam parzellierten und bestellten Felder, die regelmä-

In Padanien ist alles aus einem Guß

ßigen Fassaden der Häuser mit ihren messingfarbenen Türen und Fenstern aus Alublech lassen nichts von ihnen ahnen.

Das Faible der Padanier für Gußbeton war mir schon bald nach Verona aufgefallen. Veranden, Balkone, Carports, Gartentore mit geschwungenen Baldachinen und integriertem Briefkasten, alles ist aus einem Guß, selbst die Zäune sind aus Beton, wenn auch mal als Hecke stilisiert, mal wie ein Jägerzaun. Aus vielen Fenstern hängt die Regenbogen-Fahne mit dem Schriftzug «Pace», die eine Zeitlang auch so manchen Schwabinger Balkon zierte. Sie bilden einen farbigen Kontrast zu den Denkmälern für die «Caduti», die in keiner

Siedlung fehlen und an die Gefallenen des Ersten Weltkriegs erinnern: martialische Gestalten aus schwarzgrüner Bronze auf schmutzig weißem Beton, Bajonette stoßend, Flaggen schleppend, Handgranaten schwingend. Auf der Handgranate eines Soldaten, der gerade zum Wurf ausholt, sitzt tatsächlich eine weiße Taube. Ich glaube schon, sie sei ein Teil der Skultpur, ein pazifistischer Zusatz, bis sie sich plötzlich bewegt und davonfliegt.

Das Auge saugt sich an solchen Dingen gierig fest. Es sucht in der nichtssagenden Weite nach Bedeutungen, mit denen es den Geist beliefern kann, der unter der Formlosigkeit der Ebene leidet. Ich versuche ihn mit kleinen Rechenaufgaben zu beschäftigen, messe die Zeit zwischen den Kilometerschildern am Straßenrand, einzige erkennbare Zeichen des Fortkommens, dreizehn Minuten, vierzehn Minuten, dreizehneinhalb Minuten, errechne auf ihrer Basis
meine voraussichtliche Ankunft in Sermide, dem nächsten größeren Ort, der einem Schild zufolge 17 Kilometer östlich der Po-Brücke liegt. Weil der Deich zu viele Kurven macht, gehe ich parallel zum Fluß auf der Provinzstraße 34 und nehme den Autoverkehr in Kauf. Außerdem will ich nicht wieder vor verschlossenen, von Hunden bewachten Toren stehen. Klack, klack, klack, klack macht der Wanderstock monoton auf dem Asphalt. Schweiß rinnt von der Stirn. Unter der Sonne sind die Wolken von heute früh längst verdunstet. Am Horizont recken sich die rotweißen Türme eines weiteren Kraftwerks in den Himmel, die einzigen Landmarken weit und breit. Sind die Berge und das Hügelland reich an Konturen, die dem Wanderer seine Bewegung erfahrbar machen, so besitzt die Ebene bloß abstrakte Zeichen, an denen er sein Fortkommen ablesen kann. Die dünnen Schornsteine, die Kilometerzahlen am Straßenrand oder auf der Landkarte, sie dringen nicht von den Sinnen bis zu den Muskeln durch. Die Füße haben den Eindruck, auf der Stelle zu treten.

Auf einem geraden Stück zwischen zwei Siedlungen

kommt mir ein Spaziergänger entgegen, ein Maghrebin, der zigaretterauchend die Straße entlangschlendert: ein Landarbeiter womöglich, ein Clandestino. Wir grüßen uns wortlos. Später sehe ich noch mehr Araber auf alten Mopeds vorbeiknattern. In Sermide, das ich wie berechnet am frühen Nachmittag erreiche, zeugt eine islamische Schlachterei an der Hauptstraße von ihrer Präsenz. Sie scheinen in dieser Agrowüste heimisch geworden zu sein, jedenfalls sind sie hier weniger fremd als ich. So offen das Land vor mir liegt, so verschlossen wirkt es auf mich. How long, how lo-o-o-ng?

Das Zimmer des Sohnes

«Du hast soeben die Grenze zwischen Mantua und Ferrara überquert, du bist jetzt nicht mehr in der Lombardei, sondern in der Emilia-Romagna», ruft der kleine Mann mit heiserer Stimme. Sein Haar ist grau und stoppelig, sein Gesicht gerötet, die Füße stecken in Gummistiefeln, in der Hand hält er einen Eimer voll Tomaten. Der Hund an seiner Seite rennt kläffend auf mich zu, ich packe den Stock fester, aber er schnuppert nur. Der Mann ruft wieder mit seiner heiseren Stimme: «Wohin gehst du?» – «Richtung Bologna. Und dann weiter nach Rom.» – «Zu Fuß?», fragt er ungläubig. «Wo schläfst du? Was ißt du?» – «Wo ich etwas finde. Ich habe etwas zu essen im Rucksack, außerdem ein bißchen Wein.» – «Wein? Das ist gut! Komm, trinken wir etwas.» Er winkt mir, ihm zu folgen.

Wir betreten einen großen Platz. Rechts steht ein Schuppen, in der Mitte ein Wohnhaus mit einem Anbau, links befinden sich eine Scheune und ein Stall, dazwischen ragt eine riesige Pappel auf. Der kleine Mann ruft über den Platz: «Wir haben einen Gast! Gebt ihm zu trinken!» Danach verschwindet er im Schuppen und macht sich an einem Grill zu schaffen, der an der Rückwand vor sich hinbrutzelt.

Aus dem Haus kommt eine Frau im bunten Kleid und

heißt mich willkommen. Sie rückt einen Gartenstuhl zurecht und bringt mir ein Glas Weißwein, gekühlten Frascati. Ich krame das Heft mit den Stempeln und den Brief hervor und gebe ihr beides. Sie beginnt den Brief zu lesen, hält dann inne und richtet sich auf. «Che bello! Wie schön!», ruft sie: «Hört, was hier geschrieben steht!» Sie liest den Brief, laut deklamierend, von vorn. Von ihrer Stimme angelockt, kommen ein anderer Mann, der am Stock geht, und eine jüngere Frau dazu. «Ist das nicht schön!», ruft die ältere Frau ein ums andere Mal begeistert und reicht meine Papiere an die anderen weiter.

Die Frau sagt: «Ich bin ‹la Franca›.» Sie zeigt auf den kleinen Mann, der geschäftig auf dem Hof hin- und herrennt. «Und das ist Guido. Guido hat ein schweres Schicksal zu tragen.» – «Was ist mit ihm?», frage ich. «Im Frühjahr ist sein Sohn gestorben, das einzige Kind!» – «Ein Unfall?» –
«Nein, er war krank, ein Tumor. Kurz darauf ist auch Guidos Vater gestorben. Und dann noch seine Frau. Sie war ebenfalls krank. Stell dir vor: die ganze Familie, in wenigen Monaten gestorben! Guido ist der einzige, der übriggeblieben ist.» Ich schaue zu dem kleinen Mann hinüber, der sich auf dem Hof zu schaffen macht, und weiß nicht, was ich sagen soll. Als er in unsere Nähe kommt, ruft er mit seiner heiseren Stimme: «Una buona camminata! Ein hübscher Spaziergang!»

La Franca ist Guidos Kusine. Sie wohnt mit ihrem Mann und ihrer Tochter – «la Paula» – im Haus nebenan und kümmert sich seit dem Tod seiner Frau um Guidos Haushalt. Sie fragt mich, ob ich zum Essen bleiben will: «Damit würdest du Guido eine große Freude machen. Er fühlt sich so allein.» Ich nehme an, obwohl mir die Einladung unangenehm ist.

Nachdem Guido seine Arbeit auf dem Hof verrichtet hat, gehen wir ins Haus und in die Küche, eine Bauernküche, wie ich sie von meinen Verwandten im Münsterland kenne, mit gekachelten Wänden, einem emaillierten Gasherd, einer blankgescheuerten Spüle und einem schweren dunklen Buffet. Auf dem Tisch in der Mitte ist für zwei Leute gedeckt: Wurst, Tomatensalat, Brot, gegrillte Rippchen. «Mangia, mangia! Iß doch!», sagt Guido immer wieder und beschwert sich bei seiner Kusine, daß ich zu wenig esse. Er fragt mich nach meiner Reise. «Una buona passeggiata», sagt Guido noch einmal anerkennend und prostet mir zu. Wir trinken Rotwein, gekühlten Lambrusco, der mir rasch ins Blut geht.

Plötzlich beginnt Guido von seinem Sohn zu reden. Diego war 37 Jahre alt, ein glücklich verheirateter Agraringenieur, als ihn der Krebs tötete: ein Hirntumor. Guido zeigt auf das Buffet, wo das Schwarzweißfoto eines ernst blickenden Mannes mit tiefliegenden Augen und dunklem Bartschatten steht. Wenige Wochen danach starb vor Gram über den Tod des Enkels Guidos greiser Vater. Und im Juni mußte er seine Frau beerdigen, die ebenfalls krank war.

«Cosa faccio? Cosa devo fare? Was mache ich jetzt? Was soll ich machen?», fragt er mich ratlos. Eine Pause entsteht, und die Traurigkeit wird spürbar, die sich hinter seiner sanguinischen Heiterkeit verbirgt.

«Was soll ich nur machen?», fragt er abermals. Ich weiß, daß diese Frage an einen anderen gerichtet ist als mich. Trotzdem habe ich das Gefühl, etwas sagen zu müssen. Ich erzähle, wie mutterseelenallein ich mich in dem fremden Land zuweilen fühle. Und daß auch mir die Geselligkeit dieses Abends gut tut, weil sie mir für ein paar Stunden die Einsamkeit vertreibt. Aber im Gegensatz zu ihm weiß ich, daß ich meine Frau in wenigen Wochen wiedersehen werde. Darum kann ich seinen Schmerz nachempfinden und doch wieder nicht. Als ich Klara erwähne, wird Guido hellhörig. Er will wissen, wie lange wir verheiratet sind, ob wir Kinder haben. Als ich verneine, schüttelt er verständnislos den Kopf. Dann sagt er: «Du mußt deine Frau anrufen. Du kannst mein Telefon benutzen.» – «Gern, nach dem Essen», sage ich. Doch die Idee läßt ihm keine Ruhe: «Du mußt Deine Frau anrufen, jetzt gleich!» Wir haben kaum den Kaffee getrunken, als er mich in den weißgekalkten Flur zieht, wo auf einem Schränkchen, unter einem Spiegel mit Messingrahmen, ein altmodisches Telefon mit Wählscheibe steht.

Nach dem Telefonat kommt die Kusine aus der Küche. Sie sagt: «Willst du nicht hier übernachten? Platz ist genug.» Es sei dunkel geworden, ich könne ohnehin nicht mehr weitergehen, und Guido wolle mit mir ans Ufer des Po fahren und mich seinen Freunden vorstellen. Die beiden führen mich ins Obergeschoß des Hauses, ins Schlafzimmer des Vaters, wo ein mächtiges Doppelbett steht. Da könne ich schlafen. Es sei alles frisch bezogen. Daneben, bitte sehr, die Dusche. La Franca drückt mir Handtuch und Seife, ein Hemd und originalverpackte Unterwäsche in die Hand. «Die Sachen sind von Diego. Sie dürften dir passen», sagt sie. Dann zeigen sie mir das Zimmer des Sohnes: «Hier hat er zuletzt gelegen.»

Sie haben alles so gelassen, wie es war. Es ist ein Jugendzimmer, mit einer großen Weltkarte an der Wand, einer Stereoanlage, Regalen voller Bücher, Flugzeugmodellen. Auf einem Schränkchen steht dasselbe Foto wie unten, daneben das einer schönen jungen Frau. «Das ist seine Frau. Sie ist Lehrerin.» La Franca zeigt auf die Marienstatue in einer Vitrine, das Kruzifix an der Wand. Auf dem Nachttisch liegen ein Fläschchen mit Lourdes-Wasser, eine Bibel und ein Rosenkranz. An der Wand hängen Zettel mit Gebeten in großer Schrift, mit dem Computer ausgedruckt: Vater unser, Ave Maria. «Diego war ein sehr frommer Junge», sagt die Kusine: «Aber es hat nicht geholfen.» Guido steht die ganze Zeit stumm neben uns, als hätte das alles nichts mit ihm zu tun.

Der Schotterbelag der schmalen Straße verschwimmt im Kegel des Scheinwerferlichts und verschwindet rasend schnell unter der Motorhaube. Guido steuert seinen Kleinwagen über das dunkle Land. Mir ist schwindelig. Es ist das erste Mal seit einem Monat, daß ich in einem Auto sitze. Der Wagen schlenkert auf der kurvigen Straße hin und her. Ich muß daran denken, wieviel wir getrunken haben, und sehe uns schon in dem breiten Graben landen, der neben der Straße verläuft. Doch wir erreichen unbeschadet den Po. Hinter dem Deich ragt dunkel und massig eine alte Festung auf. Sie sei kürzlich renoviert worden, erzählt Guido mit dem Stolz des Lokalpatrioten: «Die Festung gehörte einst zu Ferrara. Am vergangenen Wochenende haben sie hier eine Schlacht nachgespielt, in historischen Kostümen, mit Kanonen und allem.» Der sogenannte «Salzkrieg» am Ende des 15. Jahrhunderts, in dem die Venezianer die Festung erfolglos belagerten. Auf der anderen Seite des Po sei früher eine ähnliche Festung gestanden. Zwischen den beiden habe man eine Kette gespannt, um die Schiffe anzuhalten und Zoll von Ihnen zu erheben.

Nicht weit entfernt zieht sich das Dorf Stellata am Deich entlang. Guido fährt zum «Centro sociale ricreativo Ariosto», zum Altenzentrum, das nach dem Renaissance-Dichter Ariost benannt ist, der lange in der Provinzhauptstadt Ferrara lebte. Auf der Terrasse vor dem Lokal sitzen vielleicht zwei Dutzend ältere Männer. In ihren zerfurchten, rotwangigen Gesichtern haben Wind und Sonne ihre Spuren hinterlassen. Sie haben sich fein gemacht, so wie wir, tragen gebügelte Hemden und Bundfaltenhosen, die Haare sind sauber gescheitelt. Einige spielen Karten, nur wenige trinken etwas.

Guido und ich setzen uns auf zwei freie Stühle. Es ist ein lauer Abend. Die Männer ringsum mustern uns reserviert. Ich fühle mich unbehaglich, bilde mir ein, sie würden das Hemd von Guidos Sohn erkennen, das ich übergezogen habe, ein weißes Tennishemd. Nach einer Weile deutet Guido auf mich und ruft mit seiner heiseren Stimme: «Das ist mein Freund aus Deutschland.» Die Männer schauen abwartend. Guido legt nach: «Er geht zu Fuß nach Rom.» Einer fragt: «Was soll das? Woher kennst du ihn?» – «Er kam an meinem Haus vorbei, und ich habe ihn eingeladen. Er ist mein Freund.» Einige rücken näher, wollen mehr wissen. Einer zeigt offen sein Mißtrauen: «Wie konntest Du ihn aufnehmen? Du weißt doch gar nicht, was das für einer ist. Morgen früh ist er weg. Und dein Geld auch.» Ich bin vorbereitet, habe den Brief und das Heft mit den Stempeln dabei. Das beeindruckt sie. Sie studieren die Stempel. Der eine oder andere kennt diesen oder jenen Ort, durch den ich gekommen bin. Sie fragen, was ich alles erlebt habe, wie ich in ihrem Land zurechtkomme, gratulieren mir zu meiner Leistung. Andere kommen dazu und umringen uns. Sie klopfen Guido und mir anerkennend auf die Schulter, loben ihn, weil er mich aufgenommen hat: «Hai fatto bene. Das hast du gutgemacht.»

Als wir nach Hause fahren, wirkt Guido zufrieden. «Das sind meine Freunde. Wir kennen uns seit der Kindheit. So etwas gibt es in der Stadt nicht.» Er sei froh, auf dem Land zu leben. «Io sono contadino perche mi piace. Ich bin Bauer, weil es mir gefällt.» Obwohl die Arbeit hart und ohne die helfenden Hände der Familie alles viel schwieriger geworden sei. «Die Preise für den Mais sind niedrig und die Arbeitskraft, die ich jetzt für die Ernte bräuchte, viel zu teuer.» Selbst wenn man mit den Clandestini arbeite, den Marokkanern, die illegal in verlassenen Häusern überall auf dem Land leben. Guido ist 63 Jahre alt. Wie lange er noch weitermachen wird, wisse er nicht. Zuhause, auf dem Flur, fragt er mich ein letztes Mal mit seiner heiseren Stimme: «Was soll ich tun?» Ich drücke ihm wortlos die Hand.

La Paula, Guido und la Franca (v. l.)

Um halb sechs in der Früh sitzen wir in der Küche, trinken starken Kaffee, unterhalten uns etwas holprig und lauschen auf den Wind, der um das Haus streicht. Den angebotenen Schuß Weinbrand lehne ich ab, was Guido mit einem Kopfschütteln quittiert. La Franca und ihre Tochter sind eigens aufgestanden, um mich zu verabschieden. Ich muß ein Foto von ihnen machen. Zum Abschied schenken sie mir ein dickes Ringbuch, ein Adreßverzeichnis von Bologna mit Stadtplan, auf dem groß die Jahreszahl 1981 steht, dazu eine winzige Karte von ganz Italien und schließlich einen Stadtplan von Rom, der aus den sechziger oder gar fünfziger Jahren stammen muß. Gerührt packe ich alles in den Rucksack, obwohl der schon unverantwortlich schwer ist. Von Guido habe ich Wein bekommen, Äpfel aus seinem Garten, Brot, Tomaten und Wurst. Wir verabschieden uns wie alte Freunde. Einer Eingebung folgend, verspreche ich Guido, daß ich an dem Tag, da ich Rom erreiche, das Hemd seines Sohnes tragen werde. Die Idee gefällt ihm sichtlich.

Bei der Hofeinfahrt drehe ich mich noch einmal um zu den drei Menschen, die winkend vor dem Haus stehen. Dann schreite ich kräftig aus, in den anbrechenden Morgen. Wie gestern hängt eine Wolkendecke über dem Land, die nur am Horizont ein schmales Stück Himmel freiläßt, durch das der Tag schaut wie durch einen Spalt unter den Rolläden. Der Wind ist angenehm frisch und raschelt in den Bäumen. Auf einmal kommt mir die Ebene nicht mehr fremd vor.

Fünftes Buch

N
S
Bondeno
Ferrara
Panaro
Cento
Reno
Modena
Reno
Bologna
Romagna
Panaro
Monzuno
ETRUSKISCHER
APENNIN
Santerno
Passo della Futa
Sant'Agata
Pistòia
Monte Senario
Prato
Fiesole
Florenz (Firenze)
Arno
0 5 10 15 km

Auf der Straße nach Bondeno findet ein LKW-Rennen statt. Alle paar Minuten kommen mir Dreiachser mit Anhängern entgegen. Sie sind unbeladen und fahren halsbrecherisch schnell, schneiden die Kurven, so daß ich immer wieder in den Graben flüchten muß. Die leeren LKWs sind auf dem Weg zu den ländlichen Sammelstellen, denke ich mir, um Mais und Rüben nach Bondeno in die agrochemische Fabrik zu bringen, deren Schlote vor mir am Horizont rauchen. Die Fahrer haben sicherlich verschlafen und müssen nun Gas geben, um pünktlich zu sein.

Als ich den Ortseingang erreiche, glaube ich mich schon gerettet, da überfährt mich fast eine Vespa. Der Fahrer, ein älterer Herr im eleganten beigefarbenen Mantel, mit Jethelm und Fliegerbrille, weicht erst im letzten Moment aus.

Er bremst, wendet, fährt ein Stück zurück und wartet auf mich bei einer Einfahrt.

Als er die Schutzbrille abnimmt, erkenne ich einen von Guidos Freunden aus dem Altenzentrum «Ariosto». Er war mir aufgefallen, weil er durch seine Eloquenz aus dem Kreis der Bauern herausragte. Zuerst machte er ironische Bemerkungen über mein Unternehmen, dann setzte er sich zu mir und fragte mich aus. Er wollte wissen, warum ich mir diese Reise antue. Ich antwortete ihm, ich hätte ein Gelübde abgelegt. Mehr könne ich nicht sagen. Das regte seine Phantasie jedoch nur weiter an. Er insistierte. Als ich schweigsam blieb, begann er über die möglichen Gründe für dieses «Opfer» zu spekulieren, und ich bekam den Eindruck, daß dieser Mann Sinn für Romantik hatte.

Jetzt sitzt er mir auf der Vespa gegenüber, lächelt mich aus schalkhaften Augen an, die von tausend Falten umrandet sind, und fragt, ob ich mich an ihn erinnere. Natürlich. «Du bist pünktlich unterwegs. Wie hast du es bei Guido angetroffen?» Gut, sage ich. Er nickt: «Es sind großzügige und freundliche Menschen, wie alle in dieser Gegend. Nur sind sie normalerweise sehr verschlossen. Sie fürchten sich vor den Fremden. Guidos besondere Situation, du weißt schon, der Verlust seiner Familie, hat dir seine Tür geöffnet.» Dann erzählt er von einem Freund, einem Deutschen, der in Rom lebe, einem Arzt, den er manchmal besuche. Und daß er mit seiner Frau von meiner Wanderschaft und dem Gelübde gesprochen habe. Als ich ansetze, ihm endlich die Motive für meine Reise zu erläutern, unterbricht er mich: «Nein, sag es mir nicht!» Er will das Geheimnis, das mich in seinen Augen umgibt, bewahren. Er muß wirklich Sinn für Romantik haben.

Auf einmal habe ich das Gefühl, daß er nicht zufällig hier entlang fährt. Gestern hatte ich erzählt, daß ich früh aufstehen und die Straße nach Bondeno nehmen würde. Der Mann auf der Vespa hat etwas auf dem Herzen.

Und tatsächlich, er sagt zu mir: «Weißt du, daß ich einem deutschen Arzt mein Leben verdanke? ... Als kleiner Junge war ich dem Tode nahe. Ich hatte mich am Bein verletzt, die Wunde hatte sich entzündet, und der Wundbrand kletterte das Bein hinauf und vergiftete mein Blut. Niemand konnte etwas dagegen machen. Es war Krieg. Ich wohnte in einem Haus an der Straße, an der du soeben entlanggegangen bist, nicht weit von Guidos Hof entfernt. Meine Familie war auf dem Feld zum Arbeiten, und ich lag allein zuhause und wartete darauf, daß ich sterben würde. Da öffnete sich plötzlich die Tür, und eine Gruppe deutscher Soldaten kam ins Haus. Es war schon gegen Ende des Krieges, und die Deutschen waren auf dem Rückmarsch vor den Alliierten. Die Soldaten gehörten zu einer Sanitätseinheit, sie suchten ein geeignetes Quartier für das Rote Kreuz. Einer von ihnen war Arzt. Als er mein entzündetes Bein sah, ließ er seinen Arztkoffer holen. Er behandelte die Wunde, schüttete ein Pulver darauf und verband sie. Dann sagte er auf Italienisch zu mir: ‹Si io venire domani, tu kaput. Wenn ich morgen kommen, du kaputt.› Er wollte sagen, daß ich, wäre er nur einen Tag später gekommen, gestorben wäre. Eine Woche lang kam dieser deutsche Arzt jeden Tag in unser Haus und erneuerte den Verband. Ich wurde wieder gesund. Er hat mir das Leben gerettet.»

Der Mann auf der Vespa macht eine Pause. «Ich war sein Feind. Wir Italiener hatten den Deutschen 1943 den Rücken gekehrt, wir waren ihre Feinde. Trotzdem hat dieser deutsche Arzt mir das Leben gerettet. Und ich habe ihm nie angemessen dafür gedankt! Damals war ich noch ein Kind. Erst viel später habe ich begriffen, was dieser Mann für mich getan hat. Daß ich ihm nicht gedankt habe, macht mir bis heute zu schaffen.» Er macht abermals eine Pause. Ich warte. Er fährt fort: «Ich habe ihn niemals wiedergesehen. Ich fürchte, daß er beim Vormarsch der Amerikaner ums Leben gekommen ist. Es gab damals, wie heute, nur wenige Möglichkeiten, den Po zu überqueren, und viele deutsche Soldaten sind auf der Flucht, beim Versuch hinüberzuschwimmen, ertrunken.»

Wieder entsteht eine Pause. Doch diesmal kommt nichts nach. Der Mann auf der Vespa ist mit seiner Geschichte zu Ende. Er schaut mir in die Augen und lächelt. Ich frage ihn, wie er heißt. «So wie der höchste Berg Italiens ... Stelvio». Wir reichen uns die Hände. Stelvio wünscht mir alles Gute. Ob ich Kinder hätte. – «Nein.» – «Sie werden kommen. Kinder sind das Leben.» Dann rückt er seine Brille zurecht, hebt noch einmal grüßend die Hand und braust auf der Vespa davon.

Die Ebene (II)

Ich gehe auf einem Deich, durch Minzgestrüpp, das einen intensiven Geruch verströmt, zur Rechten liegt ein breiter Kanal, der still und trübe daliegt, mit Schilf bewuchert, ab und zu gluckst im Wasser ein Fisch. Der Deich ist nicht hoch, trotzdem kann man weit über das flache Land sehen, aus dem hier und da ein Kirchturm, ein Silo, ein Wäldchen in den grauen Himmel ragt.

Vorhin habe ich auf einem Pfosten am Ufer des Kanals einen völlig verschossenen, in sich zusammengesunkenen Teddybär sitzen sehen, einen lebensgroßen Panda. Wenn er jemals gelebt hätte, würde man denken, er sei tot. Er sah aus wie die Requisite eines Horrorfilms. Da war es wieder, das Unheimliche, die Ahnung dunkler Kräfte, die im Untergrund der nur scheinbar offen daliegenden Ebene verborgen wirken.

Ein Mann überholt mich auf einem Klapprad. Sein Gesicht ist mit hellbraunen Pigmentflecken übersät, seine Stimme klingt metallisch, als hätte er einen Lautsprecher verschluckt: «Tedesco? Deutscher?» – «Si.» – «Schumaker!» Der Radfahrer erklärt mir, daß Napoleon den Deich anlegen ließ und daß er dazu diene, bei Bedarf Wasser vom Po in den Reno zu leiten. Er fragt mich nach meinem Woher und Wohin. Als ich sage, daß ich zu Fuß von München nach

Rom pilgere, schaut er mich entsetzt an, als sei ich der Leibhaftige, und radelt, panisch die Pedale tretend, ohne ein weiteres Wort davon.

Vor mir liegt ein breiter Streifen Wald. Er säumt den Fluß Reno, den ich überqueren muß. Der Reno ist ein verschlammtes, mit Büschen überwuchertes, kaum fließendes Gewässer. An seinem anderen Ufer ändert sich das Bild der Landschaft. Sie ist so flach wie eh und je, aber von anderer Farbe. Nach dem Grün und Grau der vergangenen Tage dominieren jetzt Gelb, Rot und Braun: gepflügte Äcker, Stoppelfelder, vertrockneter Mais, unterbrochen von kleinen Wäldchen, Gehöften aus Ziegelstein und Scheunen mit hohen Toren, in der Ferne vereinzelt Kirchtürme. Vielleicht zaubert die wärmeren Töne auch die Sonne hervor, die sich seit mittag gegen die Wolken durchgesetzt hat und unbarmherzig brennt.

Die Gefahren der UV-Strahlung habe ich ganz vergessen und bin daher überrascht, als ich mir einen schmerzhaften Sonnenbrand am Oberarm zuziehe. In Verona habe ich die Kleidung gewechselt, und der Ärmel des neuen T-Shirts ist einen Zentimeter kürzer als der seines Vorgängers. Um den geröteten Hautstreifen zu schützen, binde ich einen dünnen blauen Schal um den rechten Oberarm, dessen Enden lang herunterbaumeln. Das macht meine Erscheinung noch fragwürdiger, aber auf dem endlosen Marsch durch die Nachmittagshitze sehe ich ohnehin kaum einen Menschen. Das Land liegt ausgestorben da, die Jalousien der wenigen Häuser sind heruntergelassen. Da sind nur der Asphalt, die Felder und ich. 50 km, hatte ich aufgrund der Karte geschätzt, würden es von Guido bis Bologna sein, durchaus zu schaffen an einem Tag. Aber es sind mehr. Strecken, die auf der Karte gerade aussehen, machen in der Wirklichkeit viele kleine Kurven, und dadurch wird der Weg länger und länger.

Als es dämmert, erreiche ich die Ausfallstraßen der Stadt, auf denen die Autos dicht an dicht an mir vorbeirollen. In Ostiglia hatte ich eine Leuchtweste erstanden. Mit der Nagelschere schneide ich ein Loch in ihren Rücken und befestige das ausgeschnittene Stück auf der Rückseite des Rucksacks, damit ich auch nach hinten die Scheinwerfer reflektiere. Die Weste hilft tatsächlich. Die Autos sehen mich und bremsen ab. Nach einer Weile wird es mir dennoch zuviel, vor allem wegen der engen Kurven, hinter denen die Autos plötzlich hervorschießen, so daß sie mich trotz Weste erst spät bemerken. Als ich wenige Meter vor dem Ortsschild von Bologna eine Obstplantage neben der Straße sehe, gehe ich kurzentschlossen hinein und rolle die Isomatte unter einem der Bäume aus. Es ist ein Pfirsichhain, leider schon abgeerntet. Er duftet nach Stroh, das auf der Erde ausgestreut wurde, darüber hängt der gärende Geruch heruntergefallener Pfirsiche.

Die Stadt Gottes

In Bologna zieht es mich zur Kirche Santo Stefano, die ich auf einer früheren Reise entdeckt habe. Sie steht, von Zypressen flankiert, an der Unterseite eines dreieckigen Platzes, dessen übrige Seiten die typischen Bogengänge zieren, jene Schatten spendenden Galerien, die Jacob Burckhardt veranlaßten, Bologna zur schönsten Stadt Italiens zu erklären. Santo Stefano ist nicht eine Kirche, sondern ein Komplex von sieben Kirchen, die labyrinthisch ineinander verschachtelt und mit kleinen Innenhöfen verbunden sind: eine Stadt Gottes, bewohnt von Heiligen und Mönchen. Einer von ihnen, dunkelhäutig und weißgewandet, öffnet um halb vier endlich das Portal.

Ich gehe rasch durch den breiten, dunklen Kirchenraum zu einer unscheinbaren Holztür, hinter der sich ein Raum öffnet, der Anhängern von Geomantie und Zahlenmystik helle Freude bereiten dürfte: Er ist achteckig, ein Kreis von zwölf Säulen umschließt das Zentrum, das von einer hohen Kuppel überwölbt wird. Genau in der Mitte befindet sich eine merkwürdige Konstruktion, ein hoher Steinblock mit Treppchen und Balustraden, Säulen, Tierskulpturen, Reliefs und einer niedrigen Öffnung auf der Vorderseite, in dem rötlich eine Kerze flackert. Es stellt einen Nachbau des heiligen Grabes in Jerusalem dar, wie sie in der Kreuzzugszeit überall in Europa entstanden sind, und dient zugleich dem Stadtheiligen von Bologna, dem Bischof Petronius, als letzte irdische Ruhestätte. Zur Römerzeit soll an dieser Stelle ein Isistempel gestanden haben, den die Christen, eine heilige Quelle nutzend, die in der Nähe sprudelte, zunächst in ein Baptisterium umfunktionierten und dann in eine Kirche: Lange schon ehrte man hier die Götter.

Von der «Santa Gerusalemme di Bologna», wie dieser eigenartige Bau auch genannt wird, gelangt man durch eine Tür in einen Hof, ein Atrium mit Säulengängen, das noch die römische Anlage ahnen läßt. Auch diesen Hof durchquere ich, biege um die Ecke und stehe endlich im Kreuzgang.

Wer zum ersten Mal in diesem Kreuzgang steht, nachdem er die anderen Teile des Komplexes durchmessen hat, für den ist das wie die Ankunft nach einer langen Reise. Er
hat das Gefühl, weit weg zu sein von der gelehrten, fetten, roten Stadt, deren Geräusche wie aus der Ferne in das Geviert klingen. Rot ist auch der Kreuzgang. Er ist aus Ziegeln gemauert und nicht ganz rechteckig. Vier gedrungene Bögen und ein Durchgang auf jeder Seite geben Blick und Weg frei auf den kleinen, mit Steinplatten bedeckten Innenhof, in dessen Mitte ein Brunnen steht. Ich setze mich auf eine der niedrigen Mauern und lasse den Blick schweifen. Er gleitet an den Reihen zierlicher Doppelsäulen entlang, die den ersten Stock des Kreuzgangs zum Hof abgrenzen, und bleibt an den Kapitell-Figuren hängen.

Zwischen den Säulen und den «Kämpfern» – so nennt man jene flachen Steine, auf denen die Bögen zwischen den Säulen ruhen – zwängen sich menschliche Gestalten und Köpfe: ein Mann mit Löwenmähne auf allen Vieren, der mit den Händen die Spitzen seines wallenden Bartes hält, ein nackter Mensch, den Kopf nach hinten verdreht, ein kauernder Atlas mit kummervollem Gesicht, dessen Brust durch das Gewicht der Last, die er trägt, bis auf die Knie der gekreuzten Beine herabgedrückt wird; traurige Köpfe mit anmutig gewelltem Haar, einer streckt die Zunge heraus, dazwischen ein Stierkopf. Leiser Gesang weht durch den Kreuzgang. Er kommt aus einer kleinen Öffnung am Boden, durch die man in die Krypta spähen kann. Eine Handvoll Mönche sitzen um den Altar und beten die Non, das Gebet der neunten Stunde. Weil es die Stunde ist, zu der Christus starb, gedenken die Mönche dabei ihrer Toten.

Plötzlich hallt ein lautes Bellen in den Hof und übertönt das monotone Auf und Ab des Gesanges. Ein großer schwarzer Hund schiebt seinen Kopf über die Balustrade des oberen Stockwerks, blickt hechelnd in die Runde und erheitert mit seinem Gebell die wenigen Besucher des Kreuzgangs, bis ein junger Mönch in weißem Gewand aus einem Seitenraum kommt und ihn mit drohend erhobenem Zeigefinger ausschimpft. Da läßt der Hund den Kopf reumütig über die

Balustrade hängen und blickt mitleidheischend in die Runde.

Ich folge dem Mönch in den Seitenraum, in dem Andenken und Devotionalien verkauft werden. Er setzt sich an einen Tisch in der Ecke und macht sich daran, Rosenkränze aufzufädeln. Wir kommen ins Gespräch und dabei auch auf die Kapitell-Figuren zu sprechen. «Weißt du, daß mindestens eine der Figuren Eingang in die Weltliteratur gefunden hat?», sagt er. «Nein. Welche?» Der Mönch legt seine Handarbeit nieder und führt mich nach draußen. Er zeigt auf den kleinen gestauchten Atlas mit der gequälten Miene und fragt: «Hast du die Göttliche Komödie gelesen?» – «Zum Teil, ist schon länger her», sage ich. Er beginnt zu rezitieren:

Wie man als Träger wohl an Häuser steckt,
Um Decke oder Dach zu unterbauen,
Figuren, bis zur Brust die Knie gestreckt,

Die aus nicht wahrem bringen wahres Grauen,
Wenn man sie ansieht: Ebenso gestaltet,
als ich scharf hinsah, waren sie zu schauen!
Sie waren mehr und minder zwar gefaltet –
Trug ja ihr Rücken auch verschieden schwer –:
Selbst der Geduldigste, der nie erkaltet,
Schien weinend noch zu flehen: Ich kann nicht mehr!
(Übersetzung: Wilhelm G. Hertz)

Der Mönch macht eine Kunstpause. Dann fährt er fort: «Das ist aus dem zehnten Gesang des Purgatorium. Dieser Atlas, der da so gebeugt sitzt, verbüßt im Fegefeuer die Strafe der Hochmütigen. So bestraft Gott die Stolzen, die vergessen haben, daß wir Menschen auf Erden nur Würmer, unfertige Insekten sind, die im Tod erst zu Schmetterlingen werden und wehrlos zum Gericht flattern.» – «Willst du damit sagen, daß Dante diese Figur vor Augen hatte, als er diese Verse dichtete?», frage ich. «Ja», antwortet der Mönch: «Dante hat in Bologna studiert. Und später, während seiner Verbannung aus Florenz, ist er noch einmal hier gewesen. In diesem Kloster haben die Exilanten aus seiner Partei Unterschlupf gefunden. Man kann sich vorstellen, daß der große Dichter hier gesessen und daß ihn die friedliche Stimmung in diesem Kreuzgang inspiriert hat, nicht wahr?» Er macht eine Handbewegung in die Runde. Ich gebe ihm recht. Der Mönch zeigt auf eine andere Figur: «Und dann sieh dir auch diesen an, dessen Kopf auf den Rücken gedreht ist. Erinnert er nicht an die Zauberer und Wahrsager, die in der Malebolge büßen? ... ‹Daß Tränen, welche ihre Augen weinen, den Arsch hinun-

Wie man als Träger wohl an Häuser steckt

ter durch den Schlitz gedrungen›», rezitiert er wieder. Der Mönch schaut mich mit unschuldiger Miene an und grinst. «Entschuldige, ich muß zurück in den Laden», sagt er und geht davon.

Ich setze mich wieder auf das Mäuerchen. Wie fremd das alles ist. Diese Furcht vor der Hölle, diese grausamen Strafen! Und diese groteske Bildsprache, in der alles Symbol ist, alles eine verborgene Bedeutung hat. Mit einem Schlag begreife ich, daß auch auf dieser Reise nichts Zufälliges geschieht. Daß alles, was mir widerfährt, einen geheimen Sinn hat: die Trennung von Klara, die Einsamkeit und Sinnlosigkeit danach, die Begegnung mit Guido und jetzt die mit dem Mönch, der mir mit seiner Interpretation der Kapitell-Figuren soeben die Augen geöffnet hat. Es ist die Selbstsucht, die uns niederdrückt. Warum auch immer ich glaubte oder glaube, diese Reise zu machen – meine Motive sind bedeutungslos, genauso bedeutungslos wie meine Zweifel, meine Ängste, Schmerzen und Langeweile. Der Sinn dieser Pilgerreise besteht darin, Guido einen Abend lang in seiner Einsamkeit Gesellschaft geleistet zu haben, das Hemd seines Sohnes nach Rom zu tragen und dadurch seinen Schmerz über den Verlust seiner Familie vielleicht ein klein wenig zu mindern. Das ist das einzige, was zählt. Alles andere ist ein Windhauch.

Eine Reisegruppe durchbricht jäh die Stille: Es sind Deutsche älteren Semesters auf Studienreise, die lärmend in den Kreuzgang treten. Die Reiseleiterin, eine jüngere Frau, entläßt sie nach ein paar Sätzen zur Geschichte des Klosters: «In fünf Minuten treffen wir uns beim Ausgang.» Die Gruppe zerstreut sich, einige gehen in den Andenkenladen, andere machen Fotos oder spazieren schwatzend umher. Zwei rüstige weißhaarige Männer, der eine im aufgeknöpften Hemd, der andere mit Steppweste, bleiben bei der Reiseleiterin stehen und plustern sich wie Gockel auf vor der viel jüngeren Frau, die zu ihren Witzen gequält lächelt. Nach wenigen Minuten ist die Gruppe ebenso plötzlich verschwunden, wie sie gekommen war, und der Kreuzgang liegt wieder still und friedlich in der Nachmittagssonne. Lange Zeit sitze ich noch da, bis der dunkelhäutige Mönch kommt und mich hinausbittet.

Ein Tag am Meer

Erwartungsvoll schaue ich aus dem Fenster. Als ich mich gestern im Bologneser Büro des CAI, des «Club Alpino Italiano», nach dem Wanderweg über den Apennin nach Florenz erkundigte, drückte mir die Sekretärin einen Zettel mit einer Handynummer in die Hand. Ein Mann war am Apparat, der so schnell sprach, daß ich kaum folgen konnte. Immerhin verstand ich, daß ich am nächsten Morgen um halb acht vor der Jugendherberge stehen sollte. Und tatsächlich, ich trinke noch meinen Kaffee, da hält ein weißer VW-Kleinbus vor dem Tor, und ein Mann im weißen Polohemd springt behende heraus. Er hat graue Haare, buschige Augenbrauen, ein sonnengebräuntes, von vielen Falten durchzogenes Gesicht und einen festen Händedruck: «Salve. Ich bin Sergio.»

Sergio fährt uns nach Sasso Marconi, ein kleines Städtchen im Süden von Bologna, das nach dem Erfinder der Radiotelegrafie, Guglielmo Marconi, benannt ist. Dort würden wir Freunde von Sergio treffen, die soeben den Apennin zu Fuß überquert haben. Sie könnten mir «informazione fresca» über die «Via degli Dei» geben. Der «Weg der Götter» – ein klangvoller Name, der in meinen Ohren eine mythische Vergangenheit beschwört. «Ach was», sagt Sergio: «Das ist eine Erfindung der Touristiker. Du gehst über Berge, die nach Göttern der Antike benannt sind, den Monte Adone und den Monte Venere. Und durch einen Ort namens Monzuno. Das könnte ‹Berg der Juno› bedeuten. Monzuno, gleich Mons Iunonis, gleich Berg der Juno, verstehst du? Also haben die Leute vom CAI, als sie vor einigen Jahren einen Wanderweg von Bologna nach Florenz anlegten, ihm den Namen ‹Weg der Götter› gegeben. Antike Tempel oder dergleichen suchst du da oben aber vergebens.» Ich frage Sergio, woher er die Zeit nimmt, Touristen durch die Gegend zu führen. Er sei bei der Telecom Italia gewesen, und weil er schon in jungen Jahren begonnen habe zu arbeiten, sei er früh in Pension gegangen: «Geld ist nicht alles im Leben. Für mich ist wichtig, möglichst oft in den Bergen und in der Natur zu sein.»

In Sasso Marconi treffen wir Fausto. Fausto hat graue Haare und einen Schnauzbart, der ihn aussehen läßt wie der Comic-Detektiv Percy Pickwick. Er und seine Frau kommen mit zusammengeschobenen Teleskop-Wanderstöcken in der Hand aus einem Hotel, sind braungebrannt und sehen sehr erholt aus. «Phantastisch» sei der «Götterweg» gewesen und herrlich einsam, sie hätten unterwegs so gut wie keine anderen Wanderer getroffen, schwärmen sie. Und die köstlichen Brombeeren überall!

Sergio macht uns Beine. Wir steigen wieder in den Kleinbus, Fausto und seine Frau folgen in ihrem Auto. Auf ge-

wundenen Straßen fahren wir durch eine hügelige Gegend mit Wald, überqueren den Reno auf einer schmalen, bedenklich verrosteten Hängebrücke und halten plötzlich vor den hohen Mauern eines Schlosses, einem mächtigen Bau mit Zinnen und gotischen Fenstern. «Das ist das Castello dei Rossi», sagt Sergio. «Das wollte ich Euch zeigen, weil der Wanderweg nicht daran vorbeiführt. Es gehörte einer adligen Bologneser Familie, die mit dem Dichter Torquato Tasso befreundet war. Er soll hier sogar einmal übernachtet haben.» Fausto interessiert sich mehr für die heutigen Besitzer. «Das Schloß ist noch in Privatbesitz», erklärt Sergio. «Aber für die Eigentümer ist es eine ziemliche Belastung. Sie versuchen es, so gut es geht, zu vermarkten.» Über den Innenhof ist ein Zeltdach gespannt. In der Ecke steht eine rot lackierte Kutsche. «Hier finden im Sommer Konzerte statt. Einmal im Jahr veranstalten sie auch einen Markt. Und die ehemaligen

Wirtschaftsgebäude sind vermietet.» Wir spazieren an einem Restaurant vorbei und einigen Läden mit Kunsthandwerk. Dieser Teil des Anwesens wirkt vernachlässigt. Von den Mauern bröckelt Putz, Stromleitungen hängen lose herunter, vor den Fenstern baumelt Wäsche, ein baufälliges Gebäude ist mit rotweißen Plastikbändern abgesperrt. Fausto, der aus der Lombardei kommt, rümpft die Nase: «Das sieht hier aus wie in Süditalien.»

Sergio will uns noch etwas zeigen. Wir folgen ihm auf verschlungenen Pfaden durch dichtes Gestrüpp zum Flußbett des Reno, der sich hier in mehrere Rinnsale aufteilt, die über Steine und Felsen hinwegplätschern. Wir balancieren über den felsigen Untergrund, der an manchen Stellen aussieht wie Platten, die sorgfältig gestapelt wurden, dann aber verrutscht sind. Anderswo hat der Fluß den Stein ausgewaschen und ausgehöhlt. Sergio fordert uns auf, genau hinzusehen. Zu unseren Füßen entdecken wir Abdrücke von Muscheln, manche groß wie Fünfmarkstücke. «Vor vier, fünf Millionen Jahren war die heutige Po-Ebene von einem Meer bedeckt», klärt er uns auf: «Und hier befand sich eine Bucht. Der Sand und der Schlick, die sich in der Bucht ablagerten, verfestigten sich im Laufe der Zeit zu Stein, mitsamt den Muscheln darin, die zu Fossilien wurden. Als der Apennin entstand, durch den Druck der Kontinentalplatten, wurde ein Teil der Formation emporgehoben.» Sergio zeigt auf das andere Flußufer, wo sich zur Linken hinter Bäumen eine hohe Felswand erhebt. «Diese Wand erstreckt sich kilometerweit in den Apennin hinein. Man nennt sie ‹Contrafforte pliocenico›. Ihr müßt Euch vorstellen, daß das einmal eine Klippe war. Hier unten rauschte die Brandung des Meeres.»

Wir spazieren eine Weile durch das Flußbett des Reno. Faustos Frau ist jedesmal ganz verzückt, wenn sie Fossilien von Muscheln und anderem Seegetier entdeckt. Auch ich bin von Sergios geologischem Anschauungsunterricht beeindruckt. Die Vorstellung, am Fuß einer Steilküste zu stehen, finde ich großartig.

Schließlich müssen Fausto und seine Frau zurück zum Auto, denn sie wollen heute noch nach Hause fahren. Wir verabschieden uns, und Sergio bringt mich in seinem VW-Bus zurück nach Bologna.

Vera Icon

Auch in Bologna wohne ich wieder in der Jugendherberge, die mit der paradiesischen Villa Francescatti freilich nicht zu vergleichen ist, ein neumodischer Bau, weit außerhalb der Stadt an einer Ausfallstraße nach Norden gelegen. Am Abend vor der Abreise betritt eine kleine Person mit Pagenkopf und Brille und einem großen schwankenden Rucksack den Hof, auf dem wir Herbergsbewohner herumsitzen, essend, trinkend, plaudernd oder rauchend. Ich weiß sofort, diese Frau ist eine Wandererin, und spreche sie an, sobald sie eingecheckt hat. Es stellt sich heraus, daß sie heute mit dem Zug aus Deutschland gekommen ist und wie ich zu Fuß auf dem «Götterweg» nach Florenz gehen will. Sie ist

eine Altphilologin aus Tübingen, Mitte dreißig, sieht aber aus, als wäre sie zehn Jahre jünger, und heißt – Veronika.

Seit dem Nachmittag in Santo Stefano bin ich davon überzeugt, daß auf dieser Reise nichts aus Zufall geschieht. Im Mittelalter galt das Pilgern als genuine Form der «imitatio Christi», der christlichen Nachfolge. Ist es da verwunderlich, daß der Pilger unterwegs eine Frau trifft, die Veronika heißt? Eine Frau, die so heißt wie jene Jüngerin Jesu, die dem Verurteilten auf seinem Weg nach Golgatha ein Schweißtuch gereicht haben soll, mit dem er sich das Gesicht abwischte? Dabei blieb bekanntlich der Abdruck von Jesu Gesicht in dem Tuch haften. Die später zur Heiligen ernannte Veronika soll dieses «vera icon», dieses «wahre Bild» Christi, nach Rom gebracht haben, wo es im Hochmittelalter als Reliquie verehrt wurde. Es liegt bis heute in St. Peter, dort also, wohin ich unterwegs bin. Diese Zusammenhänge kommen mir in den Sinn, als ich Veronikas Namen erfahre, und sie erscheinen mir zutiefst bedeutsam.

Veronika ist von dem, was ich mache, ganz begeistert. Als gläubige Katholikin hält sie Pilgern für sehr verdienstvoll. «Darf ich mich dir anschließen?», fragt sie. Ich überlege kurz. Ausdauer wird sie haben, denke ich mir, wenn sie sich eine mehrtägige Wanderung durch den Apennin vornimmt. «Ja, warum nicht», sage ich.

Rhythmus

Veronika stapft mit dem Enthusiasmus der Anfängerin drauflos. Bald sehe ich nur noch ihre Silhouette, die mich irgendwie an einen Hammerhai erinnert, wegen der breiten Isomatte, die sie oben quer auf den ohnehin großen Rucksack geschnallt hat. Wir gehen eine Treppe hinauf, 666 Stufen, die von Bologna auf den «Monte della Guardia» führen. Über jeder Stufe wölbt sich ein gemauerter Baldachin. Das ergibt einen mehrere Kilometer langen Bogengang, der Schatten spendet und den außer uns vor allem Jogger nutzen. Die Baldachine sind numeriert, so daß man immer weiß, wie weit es noch ist, und jeder hat ein Messingschild, auf dem eingraviert ist, wer wann für die Renovierung aufgekommen ist.

Aufstieg zum Monte della Guardia

Wie mir Veronika erklärte, hat es mit dem Monte della Guardia – dem «Berg der Wache» – folgende Bewandtnis: In der Hagia Sophia in Konstantinopel wurde vor sehr langer Zeit ein Bild der Gottesmutter mit dem Kind aufbewahrt, von dem es hieß, der Evangelist Lukas höchstpersönlich habe es gemalt. Eines Tages übergab ein Kleriker dieser großen Kirche das Bild einem griechischen Pilger namens Theokles samt dem Auftrag, es auf den Monte della Guardia zu bringen. Obwohl Theokles nicht wußte, wo dieser Berg sein sollte, und der Kleriker ihm auch keine weitere Auskunft geben konnte, machte er sich auf den Weg.

Unter anderen Umständen hätte ich diese Geschichte als schnöde Legende abgetan, die vermutlich ersonnen wurde, um den Leuten die wahre Herkunft dieser Ikone zu verschleiern, die von einem Kreuzfahrer im Orient gestohlen oder sonstwie unrechtmäßig erworben worden war. Aber wenn ich daran denke, daß ich das Hemd eines Verstorbenen vom Po nach Rom trage, kommt mir die Geschichte des Theokles nicht mehr ganz so unglaubwürdig vor.

Auch Theokles kam auf seiner Reise irgendwann nach Rom. Dort erfuhr er, daß es südlich von Bologna tatsächlich einen Berg namens «Monte della Guardia» gab. Also brachte er das Madonnenbild dorthin. Das war im Jahr 1160. Seither soll es viele Wunder bewirkt und die Stadt vor mindestens einem schweren Unwetter bewahrt haben. Die Bologneser errichteten der «Madonna di San Luca» zu Ehren eine Kirche mit großer Kuppel, einen blaßrosa getünchten Barockbau, der weithin sichtbar auf dem Berg thront und über die Stadt zu wachen scheint.

Von der Kirche aus haben wir einen guten Blick über die Po-Ebene, die in der Vormittagshitze vor sich hin flimmert. Am dichten grünen Uferbewuchs erkenne ich das Bett des Reno, an dem entlang ich vor drei Tagen in die Stadt gekommen bin. Der Horizont verschwimmt im Dunst. Irgendwo dahinten muß Bondendo liegen und der Hof von Guido. Veronika packt derweil einen selbstgebackenen Kuchen aus, einen goldbraun glänzenden, saftigen Sandkuchen, den sie christlich mit mir teilt und der groß genug ist, daß wir uns gewiß noch einige Tage an ihm laben werden.

Nach der Rast geht der Weg steil bergab durch Wald, und wir erreichen wieder den Flußlauf des Reno, dem wir folgen, durch eine vertrocknete Auenlandschaft, der man jedoch ansieht, daß es hier zu anderen Jahreszeiten deutlich feuchter sein muß. Zur Linken erhebt sich die hohe Felswand, deren Entstehung Sergio mir gestern erklärt hatte, der «Contrafforte» aus dem Erdzeitalter Pliozän. Veronika schreitet kräftig aus, so daß ich zurückfalle, ermüdet dann aber rasch und hält immer wieder an, um etwas zu essen und auszuruhen, so daß ich wieder zu ihr aufschließe. Es fällt mir schwer, neben ihr meinen gewohnten Rhythmus zu halten. Unwillkürlich steigere ich das Tempo, um mich mit ihr unterhalten zu können. Sie ist naturkundlich bewandert, erkennt viele Vogelstimmen, nennt die Namen der Pflanzen und Bäume am Wegrand, und so ist das Gehen mit ihr sehr lehrreich. Aber ich merke, wie mich der schnellere Schritt ermüdet. Also drossele ich das Tempo, konzentriere mich darauf, nicht schneller zu werden, so daß ich bald nur noch Veronikas Hammerfischsilhouette sehe. Da hält sie schon wieder an, lädt ihren Rucksack ab, und ich habe sie eingeholt. Aber anstatt einfach weiterzugehen, mache ich nun den Fehler, ebenfalls anzuhalten und ein paar Worte mit ihr zu wechseln, was mich wieder aus dem Rhythmus bringt. So geht der Tag dahin. Auf der Straße ist es heiß und staubig. Wasser gibt es nirgends, so daß wir gelegentlich an Häusern klingeln. Meistens erscheinen ältere Frauen, denen wir unsere Plastikflaschen über den Zaun reichen, die sie gefüllt zurückbringen, eine Prozedur, die mir schon aus der Po-Ebene vertraut ist.

Am Nachmittag kommen wir in eine Art Naturschutz- oder Naherholungspark, den «Parco dei Prati di Mugnano», wie ein pompöses Schild am Straßenrand erklärt, und verlaufen uns sogleich in dichtem, dornigem Gestrüpp. Ist das die «Macchia», jene berüchtigte, undurchdringliche, typisch italienische Niederholzvegetation? Veronika bleibt mehrmals mit ihrem turmhohen Rucksack im Gebüsch hängen, und ich schlage meinen Wanderstock entzwei, als ich versuche, uns den Weg durch die wuchernden Dornenranken freizuhauen. Du wirst schon einen neuen finden, sage ich mir, dennoch bin ich ein wenig geknickt wegen des Verlusts. Der Stock hatte gut in der Hand gelegen.

Irgendwann hat das Gestrüpp doch ein Ende, und wir überqueren gelbliche Wiesen, auf denen sich hier und da Paare sonnen. Veronikas Reserven für den Tag sind erschöpft, auch mich hat der unstete Rhythmus angestrengt, so daß wir uns bald nach einem Lagerplatz umschauen. Auf einem Hügel finden wir eine Wiese mit Picknick-Tischen unter Kastanien. Wasser gibt es keines, aber dafür einen Feigenbaum und Brombeersträucher. Wir verbringen eine unbehelligte Nacht unter dem Sternenhimmel.

Am nächsten Morgen kommen wir spät in die Gänge. Veronika hat nicht so gut geruht wie ich und sie ist unwirsch, weil sie sich nicht waschen kann. Ich bekomme ein schlechtes Gewissen und frage sie, ob sie nicht doch lieber in Hotels übernachten wolle. Aber sie sagt: «Ich schlafe im Grunde nirgendwo gut außer in meinem eigenem Bett. Da kann ich auch draußen liegen. Glaub ja nicht, daß ich so schnell aufgebe! Nur bestehe ich darauf, daß der nächste Schlafplatz Wasser in der Nähe hat.»

Das wird schwierig werden, denke ich bei mir, denn das Land ist von einer anscheinend seit Wochen anhaltenden Trockenheit wie ausgedörrt. Die Wiesen sind vergilbt, die Wege mit Staub bedeckt, und das Laub raschelt dürr an den Bäumen. Die Hitze macht uns bald wieder zu schaffen. Wir steigen auf steilem Pfad zum Monte Adone auf. Der «Adonis-Berg», eigentlich bloß ein bewaldeter Hügel, bricht nach Westen hin wohl hundert Meter tief senkrecht ab. Ich erkenne in der hohen, festungsartig aufragenden Sandsteinwand den «Contrafforte pliocenico» wieder. In der Nähe des Gipfels hat die Erosion tiefe Schluchten und spektakulär aufragende Felsnadeln herausgeschnitten. Von hier oben kann man weit in den westlichen Apennin schauen und auf das Tal des Reno zu unseren Füßen, durch das sich die Autobahn nach Florenz windet. Auf der anderen, der östlichen Seite ist der Berg sanft geneigt. Der Weg bringt uns in ein

Dorf und führt dann stundenlang über Asphaltstraßen, die zwar wenig befahren sind, aber heiß und schattenlos.

Veronika ermattet zusehends und wird immer nörgeliger. Ich biete an, etwas von ihrem Gepäck zu übernehmen. Immerhin trägt sie den Sandkuchen. Aber sie besteht darauf, ihre Sachen selber zu tragen. Ich sei schon so lange unterwegs und hätte noch soviel vor mir, daß sie mir nicht zumuten könne, ihr Gepäck zu schleppen. Wenigstens gelingt es mir, ihre Isomatte weiter unten auf den Rucksack zu schnallen. Jetzt ragt er nicht mehr ganz so hoch auf, und sie bleibt nicht so leicht im Gestrüpp hängen, in das wir sogleich geraten, als wir uns einmal, der Beschreibung im Wanderführer vertrauend, von der Straße wegbewegen. Wir folgen einem Pfad, der immer schmaler und unscheinbarer wird, in ein bewaldetes Tal. Bald ist gar kein Weg mehr zu erkennen.

Wir halten uns an die sterblichen Überreste eines Bachlaufs, der das Tal vor der Trockenzeit mit seinem Gemurmel erfüllt haben mag, schlagen uns durch vertrocknete Dornen- und Schlingpflanzen, die sich in besseren Tagen von ihm genährt haben mögen, und klettern über Baumleichen, die quer über den Weg gestürzt sind. Aber was heißt überhaupt Weg? Da, o Wunder, teilt sich das Gebüsch, und wir stehen auf einem richtigen Feldweg, der uns in wenigen Minuten zur Straße zurückbringt.

Während keine Wolke am Himmel zu sehen ist und die Sonne unverdrossen auf den Asphalt brennt, hat sich das Verhältnis zwischen Veronika und mir eingetrübt. Die Nacht unter dem Sternenhimmel, das gemeinsame Durchstehen strapaziöser Durststrecken, die wunderbare Errettung aus dem weglosen Tal, all das hätte uns zusammenschweißen können. Doch stattdessen haben wir bald eine handfeste Beziehungskrise.

Weil ich weder in der Lage bin, mich an ihre Gehweise anzupassen noch meinen eigenen Rhythmus neben ihr zu halten, versuche ich sie davon zu überzeugen, daß es besser ist, langsamer zu gehen und dafür weniger Pausen zu machen. Das würde weniger Kraft kosten, sie könnte längere Etappen machen und käme im Endeffekt schneller voran. Diesen gutgemeinten Rat hätte ich besser für mich behalten. Veronika schimpft: «Glaub ja nicht, daß du mich belehren kannst, nur weil du dich für den Oberpilger hältst. Für dich mögen deine Erfahrungen vielleicht Gültigkeit haben, für mich nicht. Ich weiß selbst, wie ich am besten gehe.» Vor Jahren sei sie ein Stück des Jakobswegs gegangen, in einer Gruppe: «Da waren Leute dabei, die unglaublich langsam waren. Das war so anstrengend! Seither weiß ich, daß langsam gehen noch viel viel anstrengender ist als schnell gehen.» Daher will sie von ihrem Rhythmus nicht lassen, auch wenn sie damit nicht weiter kommt als 25 Kilometer am Tag. Ich versuche ihr die Idee schmackhaft zu machen, 30 oder 35 Kilometer am Tag zu gehen, und das nur durch den Wechsel des Rhythmus. Aber vergebens. Je mehr ich diskutiere, desto hartnäckiger wird ihre Ablehnung, und je hartnäckiger sie sich meinen Argumenten verschließt, desto mehr rede ich mich in Rage, werfe ihr Verbohrtheit und Starrsinn vor und gebe schließlich entnervt auf.

Daß es mir an diesem Abend wieder nicht gelingt, einen Schlafplatz mit Wasseranschluß zu finden, trägt nicht eben zur Entspannung bei. Es ist keine böse Absicht. Das Klima ist einfach so trocken, daß außer an städtischen Brunnen nirgendwo fließendes Wasser zu finden ist, und die Pensionen, die der Wanderführer auflistet, sind mir entweder zu weit ab vom Weg oder zu teuer. Außerdem macht mir der Wassermangel weitaus weniger zu schaffen als meiner Begleiterin. Ja, ich muß sogar zugeben, daß ich die Beschränkungen der Hygiene, die das Pilgern mit sich bringt, zunehmend als Befreiung von gesellschaftlichen Zwängen empfinde. Ich fühle mich schon fast wie ein Bettelmönch.

Bei Monzuno kommen wir an einem halb verfallenen Gebäude vorbei, das wir mit Hilfe des Wanderführers als mittelalterliches Pilgerhospiz identifizieren. Es wirkt unbewohnt. Eine offene Tür führt zu einem Raum voller abgetakelter Elektrogeräte, Kühlschränke, Herde, Waschmaschinen. Ein Wasserhahn an der Außenmauer ist abgedreht. Wieder nichts. Also gehen wir weiter, bis die Sonne untergeht, und halten dabei vergeblich nach einem ruhigen Ort mit einem Brunnen Ausschau.

Am Ende lassen wir uns auf einer Wiese unterhalb des «Monte Venere» nieder, auf Deutsch «Venushügel». Die Wiese wellt sich sanft nach Westen hinab. Unten im Tal weidet eine Herde Schafe, und während die gelbgrünen Farben der Landschaft ringsumher allmählich fahl werden, geht die Sonne majestätisch unter. Weit geht der Blick ins Land, in immer blasseren Stufen reihen sich bewaldete Hügelkämme bis an den Horizont. Die Sonne brennt kleine bunte Kugeln auf die Netzhaut, wenn ich geradewegs hineinschaue, doch dann verglüht sie in immer milderen und wärmeren Tönen, bis sie, ein feurig dunkelroter Ball, innerhalb weniger Minuten versinkt und nichts als einen blaßrosa Abglanz ihrer Herrlichkeit über den Hügeln zurückläßt. Kaum ist sie fort, wird es empfindlich kühl, und ich beeile mich, in den Schlafsack zu kriechen. Veronika liegt schon da. «Gute Nacht», sage ich. «Gute Nacht», sagt sie. Es klingt eisig.

Die Straße des Konsuls

Am nächsten Morgen, nachdem wir früh aufgestanden und nach kurzem Marsch in das kleine Städtchen Madonna dei Fornelli gekommen sind, nachdem wir dort Wasser für die Körperpflege und ein Lebensmittelgeschäft gefunden haben, sprechen Veronika und ich uns in aller Ruhe aus und vertragen uns wieder. Daß der Himmel heute morgen mit Wolken verhangen ist, hat Veronikas Laune beträchtlich gehoben. Selbst die Prognose des Lebensmittelhändlers, daß es heute regnen werde, kann sie nicht verdrießen. Sie freut sich auf die Abkühlung. Ich bin ebenfalls zufrieden, nachdem ich mich über das Wetter bisher wahrlich nicht beklagen kann. Die Erde kann den Regen allemal gebrauchen.

Wir gehen durch dichten, mitteleuropäisch anmutenden Laubwald, über einen breiten Bergrücken. Handgemalte Schilder am Wegrand weisen uns daraufhin, daß wir auf einer ehemaligen römischen Heerstraße marschieren. Nachdem wir eine asphaltierte Paßstraße überquert haben, gehen wir an einer Reihe von Ferienhäusern vorbei, die meisten mit verschlossenen Läden und verwaisten Gärten. Vor einigen stehen Kleintransporter. Lärm von Renovierungsarbeiten klingt heraus. Als die Häuser aufhören, abermals ein Schild: «400 m bis zur römischen Straße. Via Flaminia Militare. 187 v. Chr.» steht da schwarz auf gelbem Untergrund.

Kurz darauf sehen wir links zwischen den Bäumen einen Mann und zwei Frauen. Als sie uns bemerken, winkt der Mann uns heran. Es ist ein älterer Herr mit lichtem, angegrautem Haar und blaßgrünen Augen, der wie die eine Frau an seiner Seite einen Trainingsanzug trägt. Die andere Frau sieht aus wie eine deutsche Lehrerin. Sie hat schulterlanges, glattes graues Haar, eine Brille, trägt eine dunkelgrüne Wolljacke und metallene Schmuckreifen um den Hals, auf denen Edelweißblüten dargestellt sind. «Buon giorno», sagt der Mann. «Ich zeige diesen beiden Damen die Römerstraße. Wollt ihr mitkommen?»

Er stellt sich uns als «Franco aus Bologna» vor. Während wir ihm durch den Wald folgen, erzählt er uns ohne weitere Einleitung folgende Geschichte: «Titus Livius berichtet, daß der Konsul Caius Flaminius im Jahr 187 vor Christus einen Feldzug durch den Apennin führte, um die ligurischen ‹Friniati› zu befrieden. Das waren räuberische Bergstämme, die den Apennin unsicher machten und die Verbindung zwischen der Toskana und Bologna störten, das wenige Jahre zuvor gegründet worden war. Nachdem es dem Konsul gelungen war, die Liguren zu besiegen, ließ er eine Straße von Bologna nach Arezzo anlegen – um seine Soldaten zu beschäftigen, wie Livius schreibt, aber vor allem wohl, um die

Gegend in Zukunft besser kontrollieren zu können. Die Steine, über die wir gerade gehen, sind eben jene Straße, die Caius Flaminius vor fast 2200 Jahren von seinen Soldaten anlegen ließ.» Franco zeigt auf den Boden vor uns, wo sich eine huckelige Trasse aus flachen Steinen erstreckt, die teilweise von Laub und Erde bedeckt, aber noch deutlich zu erkennen ist, und fährt fort: «Wir haben ihr den Namen ‹Via Flaminia militare› gegeben, zur besseren Unterscheidung von der bekannten Via Flaminia, die von Rom nach Rimini führt. Ich selbst habe sie entdeckt und mit den eigenen Händen ausgegraben.» Veronika und ich schauen ihn überrascht an. «Sind Sie Archäologe?» – «Nein, Steinmetz, inzwischen in Pension.» – «Und warum haben Sie diese Straße ausgegraben?»

«Wollt Ihr die ganze Geschichte hören?» Wir nicken. «Es war im August 1977. Ich stamme aus der Gegend und habe nicht weit von hier ein Ferienhaus, wo ich den Sommer verbringe. Früher ging ich abends immer in Castel dell' Alpi, das ist ein Ort unten im Tal, in die Trattoria, um mich mit den Leuten zu unterhalten. Einmal drehte sich das Gespräch um die Wege und Maultierpfade, die einst wie ein Netz den Apennin durchzogen. Dabei erinnerten wir uns, daß unsere Großväter von einer alten Straße erzählten, die längs auf dem Rücken des Apennin von Bologna nach Florenz verlaufen sei und die sie ‹strada romana› nannten.

Wir haben dann hin und her diskutiert, ob an dieser Benennung etwas Wahres sein könnte. Und dabei fiel mir eine alte Münze ein, die ich kurz zuvor in einem alten Steinbruch in der Nähe gefunden hatte, wo ich mir damals Sandstein beschaffte. Die Münze war eine römische Bronzemünze aus dem dritten Jahrhundert vor Christus, und das hieß doch, daß der Steinbruch schon zu römischer Zeit in Betrieb war. Und Steine braucht man wofür?» Ich zucke mit den Achseln: «Um Häuser zu bauen, Aquädukte ...» – «Und Straßen», fügt Franco hinzu: «Denn die waren damals nicht aus Asphalt, sondern aus Stein.»

Er fährt fort: «Also beschlossen wir, nach der Römerstraße zu suchen. Wir, das heißt ich und mein Freund Cesare Agostini, den ich an eben jenem Abend in der Trattoria kennengelernt habe. Cesare kennt diese Gegend wie ich seit seiner Kindheit.» – «Und wie haben Sie dann diese Straße gefunden?» – «Zuerst haben wir alles über den Apennin in der Antike gelesen, was wir kriegen konnten. Ihr müßt wissen, daß wir beide nicht studiert hatten. Wir sind weder Historiker noch Archäologen. Nachdem wir uns kundig gemacht hatten, unternahmen wir Exkursionen durch das Gelände, das wir beide von unzähligen Spaziergängen und Streifzügen her sehr gut kannten. Wir überlegten uns, wo die Straße wohl verlaufen könnte. Erst im August 1979 begannen wir mit ersten Ausgrabungen. Und am Nachmittag des 25. August sind wir tatsächlich fündig geworden und konnten gleich ein gut erhaltenes Stück der Römerstraße freilegen, von der unsere Großväter erzählt hatten. Ihr könnt Euch nicht vorstellen, was für ein Triumphgefühl das war!» Seine Augen glänzen, als er das erzählt.

«Aber wie konnten Sie sicher sein, daß es die von Livius erwähnte Straße ist?», frage ich ihn: «Die römischen Straßen, die ich kenne, sind völlig gerade, aber diese hier macht viele Kurven.» – «Dafür gibt es eine simple Erklärung. Die Straße war eine Militärstraße. Zur Sicherheit gegen Überfälle verlegte man sie ganz oben auf den Hügelkamm. Dadurch ergaben sich zwangsläufig Kurven und Höhenunterschiede. Sobald der Apennin vollständig befriedet war, zog man es vor, unten durchs Tal zu reisen, wo auch heute die Autobahn von Bologna nach Florenz verläuft. Deshalb verfiel die Via Flaminia militare und geriet in Vergessenheit. Und deshalb ist sie auch nicht in der Tabula Peutingeriana verzeichnet, der berühmten römischen Straßenkarte aus der Spätantike.» Franco blickt uns triumphierend an.

Doch ich bin noch nicht überzeugt: «Könnte die Straße nicht aus dem Mittelalter stammen, angelegt für die vielen Pilger, die damals über den Apennin nach Rom gereist sind?», wende ich ein. «Ihr wollt eine mittelalterliche Straße sehen?», fragt Franco. Er fordert uns auf, ihm zu folgen. Nur wenige Meter abseits von der gepflasterten Trasse zieht sich eine schmale tiefe Rinne durch den Wald, an deren oberem Rand Bäume und Sträucher wachsen. «Dies», sagt Franco, «ist ein mittelalterlicher Maultierpfad. Er ist einfach im Laufe der Jahrhunderte ausgetreten worden und hat sich immer tiefer in die Erde gesenkt. Dagegen wurde die römische Straße sehr sorgfältig trassiert.» Wir gehen zurück zur Römerstraße. «Hier wurden mehrere Lagen von Fundamenten übereinander geschichtet, und zur Abdeckung wurden Steinplatten darübergelegt, und zwar so, daß eine geschlossene Decke entstand. Das ist noch deutlich zu erkennen.»

Wir müssen Franco recht geben. So verfallen die Straße ist, ihre Anlage zeugt von großer Sorgfalt. Mittlerweile haben wir das Ende des freigelegten Stücks erreicht und stehen wieder auf dem Forstweg. «Cesare und ich haben in zwanzig Jahren insgesamt elf Kilometer der Via Flaminia militare ausgegraben, ohne amtliche oder finanzielle Unterstützung, nur mit eigenen Mitteln und der Hilfe von Verwandten und Freunden. Dies hier ist nur ein kleiner Abschnitt. Weitere Stücke liegen in Richtung des Passo della Futa. Ihr kommt an ihnen vorbei, wenn ihr weitergeht.»

«Haben sich die Archäologen nicht dafür interessiert?», will ich wissen. Franco setzt eine betrübte Miene auf: «Die Gelehrten weigern sich, unsere Beweisführung anzuerkennen. Gleich nachdem wir das erste Stück entdeckt hatten, noch im August 1979, haben wir mit einem Professor von der Universität Bologna eine Ortsbegehung gemacht. Er sagte, unsere Straße könne nicht die von Livius erwähnte sein. Denn er habe vor kurzem einen Aufsatz geschrieben, worin er die Straße des Konsuls Caius Flaminius anderswo lokalisiert habe. Erst waren wir natürlich erschrocken. Aber dann stellte sich heraus, daß er sich nur auf ein paar Ortsnamen in mittelalterlichen Dokumenten gestützt hatte und daß da, wo er meinte, bisher keine Straße gefunden wurde. Hier aber schon!»

Francos letzte Worte klingen trotzig und zugleich müde. Jetzt sehe ich das Alter, das sich in seinem Gesicht abzeichnet. Unter den wäßrigen Augen hängen schwere Tränensäcke. Ich bilde mir ein, in Francos Gesicht die Spuren eines verlorenen Kampfes zu lesen. Hat die Wissenschaft ihm die Anerkennung seines Lebenswerkes, die Entdeckung der Via Flaminia militare, versagt? Womöglich waren die Herren Professoren bloß beleidigt, daß ein Laie einen solchen Fund gemacht hatte und nicht sie.

Es wird Zeit für uns weiterzugehen. Wir bedanken uns bei Franco für die Führung. «Sehr gern», sagt er: «Ich möchte, daß ihr gute Erinnerungen an Italien mit nach Hause nehmt. Und daß ihr wißt, daß wir Italiener ein altes Kulturvolk sind.»

Über alte Pässe

Der Regen ist nicht gekommen, im Gegenteil, die Sonne scheint wie eh und je. Aber das macht uns nichts, denn im Wald ist es angenehm frisch. Wir überqueren einen breiten, mit Buchen bestandenen Bergrücken, auf dem sich irgendwo der höchste Punkt dieser Apennin-Überquerung befinden muß, 1202 Meter über N.N. Doch kein Kreuz, kein Schild, gar nichts weist darauf hin. Hätte ich nicht ab und zu auf den Höhenmesser geschaut, wir hätten diesen denkwürdigen Moment verpaßt. Mehrmals passieren wir weitere freigelegte Stücke von Francos Via Flaminia militare, dann stehen wir plötzlich und unvermittelt am Rand einer modernen, asphaltierten Straße, auf der schwere LKWs vorbeidonnern.

Links vor uns, auf einem Plateau, ragt ein riesiges Dreieck aus dunkelrotem und grauem Stein in den Himmel, inmitten von abgestuften, mit Mauern eingefaßten Terrassen. Das muß der deutsche Soldatenfriedhof am Passo della

Futa sein. Auf diesem Paß, wo im Mittelalter die Reisenden zwischen Bologna und Florenz den Apennin überquerten, liegen 30 653 deutsche Soldaten begraben. Die meisten von ihnen sind gegen Ende des Zweiten Weltkriegs gefallen, im Kampf um die «Grüne Linie», eine Kette von Abwehrstellungen quer durch den Apennin, die die Deutschen hastig errichtet hatten und die die angreifenden Alliierten «Gotenstellung» nannten. Sie hielt nicht lange stand. Die getöteten Soldaten wurden auf vielen kleinen Friedhöfen beerdigt. In den sechziger Jahren ließ der Volksbund Deutsche Kriegsgräberfürsorge ihre Gräber auf dem Futa-Paß zusammenlegen und den «Cimitero Militare Germanico» errichten, vor dem wir stehen.

Als wir die monumentale Anlage gegen abend besichtigen, ist sie bereits geschlossen, und wir müssen über die niedrige, von Flechten bewachsene Mauer klettern. Über die Terrassen, die sich spiralförmig um die spitz aufragende Steinkonstruktion in der Mitte winden, weht ein schneidender Wind. Fröstelnd gehen wir über das kurzgeschorene Gras, an endlosen Reihen von Grabsteinen entlang. Auf jedem Stein stehen die Namen, Dienstgrade, Geburts- und Sterbedaten von vier Gefallenen. Die meisten waren einfache Soldaten, Grenadiere, Jäger, Gefreite, und sie waren jung, der Großteil jünger als fünfundzwanzig Jahre. Hier und da ist ein SS-Dienstgrad in den Stein graviert, ein Sturmmann oder Unterscharführer. Ich sehe auch das Grab eines Oberarztes und muß sogleich an den Arzt denken, der Stelvio das Leben gerettet hat.

Die Sonne ist untergegangen, als wir die Steinspitze im Zentrum erreichen, und in der Kapelle, die sich im Erdgeschoß der Anlage befindet, kriecht die Dunkelheit schon aus allen Ritzen und Ecken. An den Wänden hängen Tafeln mit Namen von Gefallenen, im Raum stehen ein primitiver Steinaltar und eine überdimensionale Dornenkrone aus Stahl, daneben ein frischer Kranz mit einer Schleife. Die Anlage macht einen gepflegten, aber dennoch unwirtlichen und abweisenden Eindruck. Ein kleiner Spatz hat sich in die Kapelle verirrt, er versucht erfolglos und mit zunehmender Panik zu fliehen, indem er immer wieder gegen die schmalen verglasten Fenster fliegt. Wir helfen ihm hinaus und gehen dann zurück zu unserem Quartier.

Ich hatte Veronika versprochen, heute Nacht ein Zimmer zu nehmen, aber es sah zunächst so aus, als ob wieder nichts daraus werden sollte. Die beiden Hotels in der Nähe des Passes waren beide geschlossen. Anfang September ist die Wandersaison anscheinend zu Ende. Doch dann fanden wir unterhalb des Soldatenfriedhofs einen Campingplatz, der nach dem mittelalterlichen Namen des Futa-Paß' benannt ist: «Lo Stale». Hier konnten wir für die Nacht einen kleinen Wohnwagen mieten.

Außer uns laufen auf dem Gelände nur ein paar Dauercamper herum, ältere Leute in Trainingsanzügen, die ihre Wohnmobile mit mächtigen Holzkonstruktionen verschalt haben, so daß sie wohl nicht bald wieder wegfahren werden. Die sanitären Anlagen – sie sind frisch renoviert – kommen uns vor wie der pure Luxus, vor allem die warme Dusche ist

ein Genuß. Als ich danach in den klebrigen Schlafsack steige, habe ich fast das Gefühl, ein Sakrileg zu begehen.

Am nächsten Morgen beginnen wir den, wie sich im Laufe des Tages herausstellt, schönsten Abschnitt unserer Apennin-Überquerung, den Weg vom Passo della Futa zum Monte Senario. Wir steigen über einen Kammweg auf zur bewaldeten Kuppe des Monte Gazarro, durch dicken Holunderduft, den auch die frische Brise dieses klaren Morgens nicht vertreiben kann. Nachdem wir über einen felsigen Steig vom Monte Gazarro abgestiegen sind, überqueren wir den Passo dell' Osteria Bruciata, so genannt nach einer Herberge, die sich vor langer Zeit hier befunden haben soll und deren Wirt offenbar eine originelle Geschäftsidee hatte. Er pflegte seine Gäste mit Wein und Braten abzufüllen und dann zu ermorden, um an ihre Habe zu kommen. Die Opfer, berichtet die Legende weiter, seien sorgfältig ausgeweidet, zerteilt, zubereitet und den Gästen des nächsten Tages als Schweinebraten serviert worden. Und so fort. Als das ungastliche Treiben im Tal ruchbar wurde, stieg eine Gruppe von bewaffneten Männern hinauf und brannte die unheimliche Herberge nieder, die man von nun an «die verbrannte» (bruciata) nannte. Es fällt uns nicht schwer, diese Geschichte zu glauben, so einsam ist die Landschaft noch heute. Stundenlang begegnen wir keiner Menschenseele.

Der lichte Buchenwald, durch den wir wandern, weckt heimatliche Gefühle. Über die grünen Blätter, die silbergrauen Baumstämme, den rötlichen Waldboden tanzt die Vormittagssonne in tausend leuchtenden Flecken. Nachdem ich auf einer Lichtung einige Brombeersträuche geplündert habe und der Fruchtzucker ins Blut geschossen ist, glaube ich selbst einer dieser tanzenden Lichtflecke zu sein, so leicht und beschwingt gehe ich dahin.

Als wir über eine Senke von der westlichen auf die östliche Seite dieses Apennin-Ausläufers wechseln, ändert sich schlagartig die Vegetation. Statt der Buchen umgibt uns jetzt ein Wald aus Eichen, Kastanien und Kiefern, der viel trockener und mediterraner wirkt und durch den wir talwärts gehen, bis sich plötzlich eine fruchtbare, liebliche Ebene vor uns öffnet: der Mugello, die Toskana!

In Sant' Agata, einem kleinen Städtchen mit schmalen Gassen und einer romanischen Kirche, lädt uns eine pensionierte Lehrerin von der Straße weg zum Kaffee ein. Sie wohnt in einem Palast aus dem 17. oder 18. Jahrhundert, mit einem großen Portal, dahinter eine Durchfahrt, deren Decke von wohl halbmeterdicken Holzbalken getragen wird. Sie führt in einen Garten, in dem eine riesige Pinie steht, die von außen nicht zu sehen war, aber gut 30 Meter hoch sein mag.

Unsere Gastgeberin – eine kräftige Person mit weißem Haar, Brille und einer Silberkette mit einem Medaillon um den Hals – kocht den Kaffee auf dem Herd in einer guten alten Espressomaschine aus Aluminium und serviert ihn uns in kleinen Täßchen mit Goldrand. Dann zeigt sie uns alte Fotografien, auf denen man sieht, wie das Städtchen vor hundert Jahren aussah, und einen vergilbten Kunstführer, in dem steht, daß der Palast einst einem Adelsgeschlecht aus Florenz gehörte, das wie die Medici oder Ubaldini im Mugello einen Landsitz unterhielt. Im Gegenzug erzählen wir von unserer Reise. Die pensionierte Lehrerin ist verwundert, daß eine zarte Frau wie Veronika die Mühen einer solchen Wanderung auf sich nimmt. Sie spricht mit toskanischem Akzent, der die K-Laute eher haucht als ausspricht: «Khosa fa il amore!», ruft sie aus: Was die Liebe alles bewirkt! Veronika und ich beißen uns auf die Lippen, um nicht loszulachen. Aber eigentlich hat die alte Frau gar nicht so unrecht: Wenigstens was das Streiten angeht, sind wir inzwischen so geübt wie ein altes Ehepaar.

Nachdem wir Sant' Agata hinter uns gelassen und den Ort San Piero a Sieve passiert haben, müssen wir wieder ansteigen, abermals durch Wald, an einem verlassenen Kloster vorbei. Das weitläufige Areal wird offenbar bloß von einem kapitalen Hausschwein bewohnt, das sich vor den verfallenen Barockfassaden im Dreck herumwälzt. Ein Stück weiter, neben einem Brombeerfeld, sehe ich den ersten Wegweiser nach Rom, ein verblichenes Holzschild, das erratisch zu Boden zeigt.

Der heilige Berg

Abends sind Veronika und ich zu Gast auf dem Monte Senario. Das Refektorium ist viel zu groß für die neun Mönche, die nach und nach hereinkommen und sich an die lange U-förmige Tafel mit den blaukarierten Tischdecken setzen, jeder an seinen festen Platz, wie es scheint. Auf dem Tisch stehen Karaffen mit Wasser und Wein und Körbe voll Brot. Die Mönche tragen abwechselnd auf. Als ersten Gang servieren sie klare Suppe oder Pasta asciutta, als zweiten Gemüse, gefüllte Eier und Salat, zum Dessert wird Obst herumgereicht. Ich lange kräftig zu, gemäß der mittelalterlichen Devise, daß man als Gast viel essen soll: «Denn wenn der Gastgeber dich liebt, wird er sich sehr darüber freuen. Wenn er jedoch dein Feind ist, wird es ihm wehtun.» Die Mönche meinen es offensichtlich gut mit uns: «Nehmt nach! Als Pilger muß man doch Hunger haben.» Ansonsten lassen sie sich durch uns nicht stören. Nach ein paar Fragen zu unserem Woher und Wohin dreht sich das Tischgespräch um die Nachrichten des Tages: eine Explosion in einer Raffinerie, irgendwelche Autounfälle und vor allem um das Fußballspiel heute abend im Fernsehen.

Mein Tischnachbar ist Fra Bruno, ein kleiner korpulenter Mann mit blitzenden Augen. Ich schätze ihn auf Ende vierzig und damit auf weitaus jünger als die anderen Mönche. Mit seinem Rauschebart und seinen Jeans wirkt Bruno wie ein Sozialarbeiter in irgendeinem Jugendzentrum, und bei der Messe vorhin sah man unter seinem Talar die nackten Füße hervorschauen, die in ausgetretenen Sandalen stecken.

Der Allgemeine Römische Kalender gebietet für den heutigen Tag die Feier des Festes Mariä Geburt. Dieses Ereignis, hat Bruno uns in seiner Predigt erklärt, sei ein Geschenk Gottes an die Menschen, über das wir uns nicht nur heute, sondern jeden Tag freuen dürften. Denn Maria sei uns – vor allem den Frauen unter uns – ein Vorbild im Dienst an Gott und den Nächsten. Fra Bruno spricht aus berufenem Herzen. Er gehört einem Orden an, der sich insbesondere der Marienverehrung verschrieben hat. Seine Mitglieder nennen sich daher auch «Diener der heiligen Jungfrau Maria» oder einfach «Serviten», Diener.

Mit dem Marienkult konnte ich nie etwas anfangen. Und nun begleitet er mich seit dem ersten Moment meiner Pilgerfahrt, die auf einem Marienplatz begann und mich seither an unzähligen Marienstatuen, an Marienkapellen und Marienwallfahrtsorten vorbeigeführt hat, so daß ich schon den Verdacht habe, das Christentum sei in Wirklichkeit der

Kult einer archaischen Muttergottheit, einer verkappten Isis oder Astarte. Freilich ist die christliche Gottesmutter ganz anders als diese antiken Göttinnen mit ihrer unnahbaren Aura. Sie ist zugänglich, barmherzig, empfindsam, sie verkörpert die bedingungslose Liebe einer Mutter. Diese Gottesvorstellung ist so eigenartig, daß Hegel feststellte, Maria sei eine genuine Erfindung des europäischen Mittelalters.

Eine Erfindung von männlichen Klerikern, haben Feministinnen ergänzt, hinter der vor allem die Absicht stand, Frauen in ihre Rolle als Dienerinnen zu zwingen. Ich will ihnen gerne recht geben, zumal als ich höre, wie Fra Bruno in seiner Predigt besonders die Frauen auffordert, gehorsame Dienerinnen nach dem Vorbild Marias zu sein. Doch man sollte die Vorstellungen und Absichten der Kleriker nicht einfach mit dem gleichsetzen, was die Gläubigen und vor allem die Frauen unter ihnen in Maria wirklich sahen und sehen. Wenn man Klaus Schreiner folgt, der ein gelehrtes Buch über die mittelalterliche Marienverehrung geschrieben hat, dann war Maria für die Frauen eine wichtige Identifikationsfigur, mit der sie existenzielle Erfahrungen teilten:

Schwangerschaft, Geburt, nicht selten auch Armut, Vertreibung und den Tod ihrer Kinder. Maria sei für die Menschen eine Partnerin gewesen, die immer ansprechbar war, der sie ihre Ängste und Nöte anvertrauen konnten und die, nach einem geläufigen Motiv der spätmittelalterlichen Malerei, einen schützenden Mantel über sie ausbreitete. So habe der Marienkult den herrischen Glauben des Christentums unterwandert und vermenschlicht.

Von der Macht mittelalterlicher Marienfrömmigkeit zeugt auch die Geschichte von den Gründern des Klosters auf dem Monte Senario. Es waren sieben Florentiner Kaufleute, erfolgreiche, wohlhabende Geschäftsleute, die im Jahr 1233 beschlossen, dem Reichtum zu entsagen. Sie gründeten eine fromme Wohngemeinschaft vor den Toren von Florenz und stellten ihr Leben in den Dienst der Gottesmutter. Weil es ihnen aber so nah bei der Stadt zu turbulent war, flohen sie nach einigen Jahren auf den 817 Meter hohen Monte Senario. In mehreren Felshöhlen unterhalb des Gipfels lebten sie gemeinsam in großer Armut und verbrachten die Zeit mit Gebeten und Bußübungen. Ihr frommer Lebenswandel und ihre tätige Nächstenliebe zogen Nachahmer an, und so wurde in wenigen Jahren aus der kleinen Gemeinschaft von Einsiedlern ein großer Orden, der viele Klöster unterhielt und noch heute unterhält.

Gegenwärtig, nach einer langen Ordensgeschichte mit Höhen und Tiefen, zählen die Serviten weltweit 900 Mitglieder. Auch das Kloster Maria Weißenstein in Südtirol, wo ich vor einigen Wochen mit Klara übernachtete, gehört ihnen, wie ich hier erfahre. Der Monte Senario ist jedoch das Zentrum des Servitenordens geblieben, und die Klosteranlage, die auf dem Berg errichtet wurde und die im 18. und 19. Jahrhundert ihr heutiges Gepräge erhielt, gilt als eines der beliebtesten Wallfahrtsziele in der Toskana. Als wir heute nachmittag auf dem heiligen Berg ankamen, passierten wir zunächst einen großen Parkplatz voll PKWs und Reisebussen.

Die Pforte der freundlichen Mönche

Dazwischen hatte eine Großfamilie mehrere Tapeziertische aufgestellt und hielt ein opulentes Picknick ab.

Wir sind die lange Treppe zur Klosterpforte hinaufgegangen und haben an einem Seil gezogen, das ganz altmodisch mit einer Glocke im Innern verbunden ist. Nach einer Weile hoffnungsvollen Wartens hat Fra Bruno geöffnet, und nachdem ich mein Pilgersprüchlein aufgesagt hatte, hat er uns hereingebeten. «Wir haben Gästezimmer, die wir Euch anbieten können», sagte er und führte uns durch dunkle Räume mit schweren alten Möbeln und durch verwinkelte Gänge, so daß wir schon fürchteten, nie wieder hinauszufinden.

Wir kamen in einen langen Flur mit dunklen Holztüren. Vor einer der Türen blieb Bruno stehen und öffnete sie: «Hier, bitte. Ich nehme an, es macht Euch nichts aus, zusammen in einem Raum zu schlafen.» Ich mußte mich bücken, um in das Zimmer zu gelangen. Es war warm und stickig, offenbar wurde lange nicht gelüftet. In der Mitte, unter einer gewölbten, mit farbigen Blumenranken verzierten Decke, standen zwei eiserne Bettgestelle. Ein fleckiger Schreibtisch, ein Buffet mit Marmorplatte, ein schwerer Schrank und zwei Stühle, alles uralte Möbel, komplettierten das Mobiliar dieses Raumes, der früher eine Mönchszelle gewesen sein mag. In einer Nische befand sich ein Waschbecken mit altmodisch geschwungenen Armaturen.

Das einzige Fenster ging auf eine weitläufige Terrasse mit einem Brunnen in der Mitte. «Von da draußen aus kann man die Kuppel des Doms in Florenz sehen», sagte Fra Bruno und drückte uns einen Schlüssel in die Hand: «Damit könnt ihr kommen und gehen, wann ihr wollt. Um sechs ist Messe, um halb acht Vesper und anschließend Abendessen. Ihr seid eingeladen.»

Nachdem wir uns gewaschen, ausgeruht und das Kloster erkundet haben, tapsen wir um kurz vor halb acht durch das Halbdunkel der barocken Klosterkirche, die inzwischen für Besucher von außerhalb geschlossen wurde, und setzen uns in eine der vorderen Reihen. Hinter dem Altarraum brennt Licht. Durch ein engmaschiges Gitter können wir in einen niedrigen holzvertäfelten Raum sehen. An den Wänden stehen Pulte und Bänke, auf denen sich nach und nach ein paar Männer niederlassen. Keiner trägt ein Ordensgewand. Sie nehmen dicke Bücher zur Hand, und Fra Bruno beginnt, ein Gebet zu sprechen. Die anderen antworten mit einem Refrain, dann spricht ein anderer, danach wieder Bruno, und die anderen fallen wieder ein im Chor. Manchmal erheben sie sich kurz von ihrem Gestühl. Auf und ab geht die Litanei, sie klingt routiniert, monoton und etwas müde, eher pflichtgemäß als enthusiastisch. Die Mönche verrichten ihre Arbeit, denke ich, wie man eben seine Arbeit tut, manchmal mit mehr, manchmal mit weniger Elan. Doch gerade in ihrer Alltäglichkeit hat diese Vesper etwas anrührend Intimes, denn die Mönche beten sie ja um ihrer selbst, nein: um Gottes willen, Abend für Abend, und nicht für uns, die wir heute zufällig da sind und ihnen in der Dunkelheit zuhören.

Nach der Vesper gibt es Abendessen, und nach dem Essen führt uns Bruno in eine kleine Teeküche, in der wir einen hageren Greis antreffen. «Das ist unser Großvater», sagt Bruno mit einem zärtlichen Blick: «der Älteste unseres Konvents. Er wird im Oktober 92 Jahre alt.» Der Großvater ist gerade dabei, sich einen Kräutertee zu kochen. Mit leicht zitternder Hand nimmt er einen Topf mit kochendem Wasser vom Herd und gießt es in eine Tasse, in die er zuvor
einen Teebeutel gehängt hat. «Mein Schlaftrunk», erklärt er und lächelt. Dabei runzelt sich die Haut in seinem Gesicht zu tausend Falten: «Jeden Abend lege ich mich zu Bett in der Erwartung, in dieser Nacht heimgerufen zu werden.» – «Das Klosterleben scheint sehr bekömmlich zu sein, wenn man dabei so alt wird», sage ich. – «Aber ja», sagt Bruno und öffnet einen Schrank, in dem eine Batterie Flaschen mit einer neongelben Flüssigkeit steht: «Das liegt an unserem Kräuterlikör.» Der alte Mönch droht Bruno scherzhaft mit dem Finger und sagt: «Was redest du? In meinem Alter schadet das Zeug mehr als es nützt.» Aber Bruno fährt fort: «Doch, der Likör ist sehr gesund und bekömmlich. Wir stellen ihn selber her aus den Samen der Bäume, die auf dem Berg wachsen.» Er gießt uns und sich ein Gläschen ein. Es ist ein klebrig süßer, starker Schnaps. Andere Mönche kom-

men hinzu, genehmigen sich ebenfalls einen und plaudern ein wenig mit uns. Wir trinken einen zweiten. Nach einer Weile verschwinden alle irgendwo in den dunklen Fluren. Es wird still auf dem Monte Senario. Auch wir suchen den Weg zu unserer Zelle.

Das beste Eis von Florenz

Veronika ist begeistert von unserem Klosteraufenthalt und den freundlichen Mönchen, und ich freue mich, daß ihr die Entscheidung, mit mir zu gehen, doch noch ein paar glückliche Momente beschert hat, nicht nur Mühsal und Entbehrung. Doch dann bricht erneut Streit aus. Es beginnt am Abend, als wir vor der Vesper durch das Kloster streifen und die herrliche Aussicht vom Monte Senario genießen.

Von der Südseite aus können wir tatsächlich Brunelleschis Kuppel im Dunst erkennen. Und nach Norden hin übersehen wir den Mugello und die bewaldeten Rücken des Apennin, die wir durchwandert haben. Ein hellbrauner Fleck im Nordwesten scheint mir die Kriegsgräberstätte am Futa-Paß zu sein. Ich versuche den Weg zu rekonstruieren, den wir in den letzten Tagen gegangen sind, doch Veronika ist nicht einverstanden mit meiner Rekonstruktion. Ich setze ihr meine Argumente auseinander: Dieser Fleck da, das müßten die Felsen am Monte Gazzaro sein, und diese Ansiedlung dort Sant' Agata, und da ist die Senke, die wir gequert haben und so weiter. Es ist alles sehr schlüssig, Veronika aber weigert sich, meine Beweisführung anzuerkennen. Und wieder rede ich mich in Rage, wie ein Oberlehrer, der sich über einen renitenten Schüler aufregt, werfe ihr Uneinsichtigkeit vor, und sie kontert, ich sei ein Besserwisser und Despot, der anderen seine Meinung aufzwingen will.

Im Stillen gestehe ich mir ein, daß sie nicht ganz unrecht hat. In der Tat halte ich mich für den erfahreneren Wanderer von uns, auch wenn ich unterwegs immer wieder Veronikas

Kenntnisse über die Natur, ihre genaue Beobachtungsgabe und ihr phänomenales Gedächtnis bewundert habe. Aber mir fällt auch auf, daß unsere Diskussionen, seit dem ersten Streit über den richtigen Rhythmus beim Gehen, stets nach demselben Muster ablaufen. Ich sage etwas, sie behauptet das Gegenteil, und wenn ich mit ihr darüber diskutieren will, zieht sie sich auf Gründe zurück, die mir sehr subjektiv erscheinen – «Ich sehe das aber nunmal so!» – und die ich deshalb nicht anerkennen will. Wenn ich mich dann aufrege, läßt sie mich nur weiter auflaufen. Beim Zubettgehen frage ich sie, ob sie dieses Spiel mit Absicht treibt. Sie gibt es freimütig zu. Als ich sie darauf hinweise, daß ihr Verhalten nicht sehr gesellig ist, fallen wir sogleich in das bekannte Muster. Sie sieht das natürlich anders: «Immer einer Meinung zu sein ist langweilig.» – «Aber aus Prinzip immer anderer Meinung zu sein ist genauso langweilig», kontere ich und denke im Stillen, was für ein harmoniesüchtiger Trottel ich bin. Aber ich kann auch anders. Als sie am nächsten Morgen die erste schnippische Bemerkung macht, beschließe ich, nicht mehr als das Nötigste mit ihr zu reden und ab jetzt konsequent meinen eigenen Stiefel zu gehen.

Ohnehin ist meine Laune nicht die beste, weil mir beim Anziehen die Kunststoffschnalle des Gürtels zerbricht und die Hose nun um meine abgemagerten Hüften schlackert. Ich vergesse, daß ich in einem Kloster bin und fluche lauthals auf diesen neumodischen Outdoor-Schrott. Doch schon bald zeigt sich, daß der liebe Gott trotz solcher Blasphemien zu seinem Pilger hält: Eine Stunde nach dem Aufbruch vom Monte Senario finde ich am Straßenrand einen zerknitterten Zehn-Euro-Schein. Damit kann ich mir in Florenz bei einem Straßenhändler den einfachsten Ledergürtel kaufen, den er im Angebot hat, und es bleibt sogar noch Geld für einen Kaffee übrig. Der Herr ist mein Hirte, nichts wird mir fehlen.

Veronika und ich laufen die meiste Zeit in einiger Entfernung hintereinander und reden kaum ein Wort, auch während der Mittagspause nicht, die wir in einem vertrockneten Park in der alten Stadt Fièsole abhalten. Ich muß mit Wehmut an die glücklichen Tage mit Klara zurückdenken, wie unkompliziert und harmonisch wir zusammen gegangen sind, immer im selben Rhythmus. Die Einsamkeit, die ich nach unserer Trennung empfunden hatte, war unerträglich. Aber jetzt muß ich feststellen, daß es angenehmer ist, allein zu gehen als in Gesellschaft eines Menschen, mit dem ich mich nicht verstehe.

Endlich steigen wir nach Florenz hinab, erst durch ein Waldstück, dann durch ein Villenviertel, in dem wir uns verlaufen. Dabei laufen wir Maren aus Hamburg über den Weg, die denselben gelben Wanderführer wie wir in der Hand trägt und sich ebenfalls verirrt hat. Auch sie ist gerade den Götterweg gegangen. Gemeinsam finden wir den Weg ins Zentrum. Beim Gehen unterhalte ich mich angeregt mit ihr, heilfroh, zur Abwechslung jemandem begegnet zu sein, mit dem ich unbeschwert Smalltalk treiben kann.

Nachdem wir das Zentrum erreicht und uns von Maren verabschiedet haben, sagt Veronika zu mir: «Mit der hast du jetzt die ganze Zeit geredet, mit mir aber den ganzen Tag kaum ein Wort. Hatte das einen Grund?» Ja, hatte es, und ich klage ihr wortreich meinen Kummer: Ich sei bloß ein armer, beladener Pilger, der das wenige, das er hat, mit ihr teilen wollte. Das seien zwar vornehmlich Mühen und Entbehrungen gewesen, aber ich hätte immer versucht, ihr ein fröhlicher und angenehmer Geselle zu sein. Von ihrer Seite dagegen seien nichts als Sticheleien und Widerworte gekommen. Den vierzigsten Tag sei ich heute auf der Straße, ebenso lange wie Jesus in der Wüste war, den Versuchungen des ewigen Widersachers ausgesetzt, und ebenso sei mein Pilgerdasein von Anfechtungen mehr als reichlich durchsetzt gewesen, und jetzt, nachdem ich den Bremsen und dem Autoverkehr, der Hitze und dem Durst, den Fußschmerzen und dem Heimweh getrotzt hätte, habe es dem Herrgott in seinem unergründlichen Ratsschluß gefallen, mir gleichsam als siebte Prüfung ein streitsüchtiges Weib zu schicken. Als Pilger, der von einer langen Wanderschaft erschöpft ist und noch eine lange Strecke vor sich hat, bedürfe ich vor allem der Harmonie und des Mitleids, nicht aber einer Gefährtin, die meine Sanftmut ständig auf die Probe stellt. Hätte sie sich doch ein Beispiel an ihrer Namenspatronin, der heiligen Veronika, genommen! Gewiß, sie meine es nicht böse, ja, ich sei sogar davon überzeugt, daß sie im Grunde ein herzensguter, frommer Mensch sei, und daß sie ihren Sandkuchen mit mir geteilt habe, würde ich ihr nie vergessen. Aber ihre widerborstige, bockige Art habe mich zermürbt, und deshalb hätte ich mir nicht anders zu helfen gewußt als indem ich aufhörte, mit ihr zu reden.

Ich erwarte, daß unsere Fahrtengemeinschaft nach dieser Rede zerbricht, nachdem es an ein Wunder grenzt, daß sie überhaupt so lange gehalten hat. Aber Veronika geht nicht etwa erzürnt davon. Sie widerspricht mir auch nicht, sondern sie ist ehrlich bestürzt: «Das habe ich nicht gewußt. Das war doch alles nicht böse gemeint. Daß ich dich provoziert habe, mußt du als Ausdruck meiner Wertschätzung verstehen. Es bedeutet, daß ich dich einer Diskussion für würdig halte. Ich streite mich nicht mit jedem! Und ich bin sehr froh, mit dir gegangen zu sein, auch wenn ich zugeben muß, daß draußen Schlafen, ohne sich waschen zu können, nicht mein Fall ist. Aber es war eine sehr interessante Erfahrung für mich, und den Besuch auf dem Monte Senario fand ich sehr schön. Wenn ich dich schlecht behandelt habe, dann bitte ich aufrichtig um Verzeihung!» Was soll ich sagen? Mehr wollte ich nicht, als daß sie einmal meine arme Pilgerseele streichelt. Also nehme ich ihre Entschuldigung an und schlage vor, daß wir zur Versöhnung ein Eis essen gehen. Auf dem Platz vor dem Baptisterium fragen wir einen Zeitungsverkäufer nach der besten Eisdiele der Stadt. Er schickt uns zu «Vivoli» in der Nähe der Piazza Santa Croce.

Florenz ist ein Renaissance-Disney-Land für amerikanische Studenten und spanische Schulklassen. Auf der Straße hört man mehr englische Laute als italienische. Als wir unser Ziel nicht gleich finden, erwische ich mit Glück eine echte Florentinerin, eine ältere Dame, die mir den Weg zu «Vivoli» erklärt. «Sono famosi. Die sind berühmt», sagt sie über die Eisverkäufer. Das steigert unsere Erwartung.

Das beste Eis von Florenz wird in einer unscheinbaren Nebengasse verkauft, hinter altmodischen Glastüren. Vor

Hier gibt es das beste Eis von Florenz

einer verschossenen Holztheke hungriges Gedränge. Man muß erst seinen Bon lösen – das Eis ist sündhaft teuer, aber Veronika lädt mich ein – und darf dann mehrere «gusti» wählen. Ich verlange «Cioccolata al caffé» und «Mousse ai frutti di bosco» und bekomme ein handtellergroßes, gestrichen bis zum Rand gefülltes Schälchen. Wir nehmen unsere Portionen mit hinaus auf einen kleinen Platz gegenüber der Eisdiele und machen es uns, so gut es geht, vor dem Portal einer Kirche bequem.

Als das erste Löffelchen auf meiner Zunge zerschmilzt, vergehe ich vor Lust und vergesse die Welt um mich herum, den Straßenlärm, die Müdigkeit, alles. Nach all den Heidel-, Him-, und Brombeeren, die ich unterwegs frisch vom Strauch gepflückt habe, kommt mir dieser Eisbecher wie die höchste Steigerung der Freuden vor, die mir diese kleinen Früchte in den vergangenen Wochen gespendet haben. Dazu kontrastiert der sahnige, bitter-süße, schwere Geschmack des Schokoladen-Kaffee-Eises in angenehmer Weise, in ihm verehre ich die Essenz all der Tassen Kaffee und Stücke Schokolade, die ich im Laufe dieser Wanderung konsumiert habe.

Sommernacht

Für die letzte gemeinsame Nacht mieten wir uns für 15 Euro pro Person ein Zelt auf dem Campingplatz. Das Zelt mißt vielleicht fünf Quadratmeter. Zwei schmale Liegen haben darin Platz, der Gang dazwischen reicht gerade, um einen Rucksack aufrecht hinzustellen. Die anderen Zelte stehen so nah, daß man jeden Furz hören kann, der im Nachbarzelt gelassen wird. Dafür ist die Lage des Campingplatzes rühmenswert. Er liegt auf der Südseite des Arno, unterhalb von San Miniato al Monte und direkt neben der Piazza Michelangelo, einem beliebten Aussichtspunkt. Die Piazza mit den Ausmaßen eines Großmarkt-Parkplatzes ist an diesem lauen Spätsommerabend Schauplatz pikaresken Treibens: Straßenmaler bieten bei Hiphop-Musik ihre Künste feil, der Chianti fließt literweise in Plastikbecher, geschminkte Straßenschönheiten lassen sich von fliegenden Händlern Schmuck aufschwatzen, und Wohnmobiltouristen lichten mit ihren Digitalkameras den Sonnenuntergang ab.

Die Straßen unten in der Stadt sind voll Leben. Touristen schlendern in Gruppen herum, die Geschäfte sind noch geöffnet, Handwerker im Blaumann arbeiten in museal wirkenden Werkstätten, Trattorien laden zum Essen und Trinken ein. Wir landen in einem Ristorante beim Ponte Vecchio. An den Nachbartischen sitzen ein französisches Paar, eine Gruppe ältlicher Amerikaner, eine deutsch aussehende Frau mit kurzen grauen Haaren, eine Gruppe Japaner und ein gepierctes und tätowiertes Pärchen unbekannter Herkunft. Er trägt ein Heavy-Metal-T-Shirt, sie schwarz gefärbte Haare und eine dicke Schicht Schminke.

Der Kellner muß früher in einem Offizierskasino gearbeitet haben. Er braust im Stechschritt durch das Lokal, so daß von dem Luftzug, den er verursacht, fast die Kerzen auf den Tischen ausgehen, und deckt freigewordene Tische mit zackigen Handgriffen. Aus unsichtbaren Lautsprechern erklingt ein Endlosband mit Clayderman-Schnulzen. Die Wände sind bis Schulterhöhe holzvertäfelt. Ein kleines Messingschild weist darauf hin, daß das Hochwasser von 1966 bis hierher stand. Weiter oben hängen Drucke von Botticellis schaumgeborener Venus, Tizians Venus von Urbino und Raffaels Dresdner Engeln. Ein rechteckiger heller Fleck an einer Stelle verrät, daß ein Bild fehlt. Wir rätseln, ob es gerade restauriert wird, an ein anderes Restaurant verliehen ist oder aber gestohlen wurde.

Nach der ersten Flasche Wein finden wir das Ambiente perfekt, bei der zweiten schwelgen wir bereits in Erinnerungen an die gemeinsame Wanderung. Die unvermeidliche Verklärung hat eingesetzt, die Streitereien verblassen. Trotz oder gerade wegen der menschlichen Probleme, die ich mit ihr hatte, empfinde ich eine tiefe Vertrautheit mit Veronika. Daß wir es miteinander ausgehalten haben, diese gemeinsame Erfahrung hat uns zu Freunden gemacht. Am nächsten Morgen, als ich noch vor der Dämmerung das Zelt und den Campingplatz verlasse, verabschieden wir uns mit einer herzlichen Umarmung.

Sechstes Buch

Florenz
(Firenze)
N
S
Arno
Arezzo
Toscana
Siena
Monte Oliveto
Lago Trasimeno
Tiber
Montepulciano
Perugia
Ombrone
Montalcino
Monte Amiata
1734
Monte Labbro
Roccalbegna
Spoleto
Orvieto
Sovana
Manciano
Lago di Bolsena
Tiber
Viterbo
MONTI CIMINI
Lago di Vico
Sutri
Latium
Tyrrhenisches Meer
Lago di Bracciano
Tiber
0 10 20 30 km
Roma

Eine bewegende Landschaft

Wer schon mal zu Fuß in Italien unterwegs war, kennt womöglich die Wanderführer von Christoph Hennig. Seit Verona trage ich sein Toskana-Büchlein im Rucksack. Jetzt ist es von dort in die Seitentasche der Hose gewandert, wo ich es immer zur Hand habe. Das Büchlein soll von nun an jeden Tag mein Begleiter sein, denn die darin beschriebenen Routen lassen sich, mit wenigen Lücken, zu einer Nord-Süd-Durchquerung der Toskana zusammenfügen.

Die vielgerühmte Kulturlandschaft – «die bewegendste, die es gibt», schrieb Fernand Braudel – wirkt aus der Nähe verdorrt und vernachlässigt. Das Land ist so verdorrt, daß ich vom Hinsehen durstig werde: ausgetrocknete Bachläufe, Erdwege, die notdürftig mit der Raupe planiert wurden und an deren Rändern das Gestrüpp steht, rissige Lehmflächen, verlassene und überwucherte Weingärten, Eichenwald mit verfilztem Unterholz, auf den Blättern dicke weiße Staubschichten, überall Schlingpflanzen, die den Bäumen das letzte Wasser nehmen. Bei Chiocchio beginnen die großen Weinfelder: endlose Reihen von Reben, wie mit der Harke durch die Landschaft gezogen, moderne Preßhäuser mit Metalltüren und wummernden Kühlaggregaten, renovierte Gutshöfe, kiesgedeckte Auffahrten.

Die Nächte werden immer länger und damit die Zeit, die ich zum Vorwärtskommen nutzen kann, immer kürzer. Zehn Stunden dauert die Dunkelheit inzwischen, Stunden, die ich zum Teil schlafend, zum Teil auf der Isomatte liegend verbringe, darauf wartend, daß es wieder Tag wird. Am ersten Abend, bei Einbruch der Dämmerung, passiere ich am Passo dei Peccorai ein Haus, das etwas abgelegen steht vom Ort. Spielsachen liegen auf der Einfahrt herum, die Fenster sind sperrangelweit geöffnet. Im Innern erkenne ich Schemen von Möbeln. Doch irgendwas stimmt nicht. Die Fenster quietschen im Wind, die dunklen Fensterhöhlen und der Wasserhahn an der Hauswand sind mit Spinnweben verhangen. Mir läuft ein Schauer über den Rücken. So muß es gewesen sein, wenn der mittelalterliche Reisende an ein Gehöft kam, das von der Pest heimgesucht worden war. Als ich einige Meter weiter am Wegrand primitive, aus Stökken und Ranken geflochtene Kreuze stehen sehe, regt sich mein Fluchtinstinkt, und ich gehe schneller, in der Hoffnung, einen sicheren Schlafplatz zu finden, bevor die Nacht sich über die Felder senkt.

Nachdem ich einige hundert Meter bergauf gegangen bin, sehe ich rechts Terrassen mit Olivenbäumen. Der Olivenbaum, altes Symbol des Friedens! In den Fehden mittelalterlicher Herrscher, die sich gegenseitig die Felder ihrer

Bauern zerstörten, galten Olivenhaine als tabu. Es war ein Olivenzweig, den die Taube zur Noah brachte, als Zeichen, daß die Sintflut ein Ende hatte. Ein Olivenbaum soll meine Arche für die Nacht sein.

Am nächsten Morgen ist mir die Isomatte bald zu hart, und ich gehe im Dunkeln los. Ein Wildschwein flieht, erschrocken über den frühen Wanderer, quiekend ins Gebüsch. Als die Sonne aufgeht, zweigt eine Zypressenallee vom Weg ab. Die schlanken Stämme der Zypressen erinnern mich oft an die seidenbestrumpften Beine vornehmer alter Damen. Diese haben grünweiße Flechten, die ihnen ein morbides Aussehen geben.

Die Allee führt zu einer Kirchenruine. Das Dach ist eingefallen, der schmale, einschiffige Kirchenraum völlig überwuchert, der Altar am Zerbröckeln, aber der steinerne Rahmen, in dem das Altarbild gehangen hat, ist noch gut erkennbar. So werden die Ruinen aussehen, die von unserer Religion bleiben und späteren Zeiten von ihr künden werden, wie die Tempel der Griechen oder der Maya den Archäologen des 19. Jahrhunderts.

Zurück auf dem Feldweg kommt mir, schwankend wie ein Kamel in der Wüste, ein weißer Golf 2 mit Frontspoiler entgegen und wirbelt eine große Wolke Staub auf. Unter der Last seiner Besatzung, die aus fünf Maghrebins besteht, hängt er tief in den ermüdeten Stoßdämpfern und setzt mehrmals kratzend mit der Unterseite auf dem steinigen Belag auf.

Die Orte Greve und Castellina in Chianti sind fest in der Hand des Mittelklasse-Tourismus: Dicke Männer in Shorts und mit der Bild-Zeitung unter dem Arm kommen aus dem Supermarkt. Gebräunte Frauen Mitte dreißig, die Sonnenbrille in die Stirn geschoben, fahren Sportcoupés mit deutschen Kennzeichen spazieren. Panzano ist dagegen von Engländern besetzt. Von der Seite, aus der ich komme, sieht es aus wie ein romantisches Dorf auf einem Hügel rund um eine Burg, auf der anderen Seite passiere ich moderne Reihenhäuser und reihenweise Real Estate Agencies.

Unterhalb des mittelalterlichen Weilers Montegonzi, der komplett durchrenoviert und zu einem Feriendorf umgebaut wurde, finde ich im Straßengraben ein zerknittertes Exemplar des Feuilletons der Süddeutschen Zeitung vom vergangenen Wochenende: Eine Flaschenpost aus dem deutschen Kulturbetrieb, die ich für die Mittagspause aufhebe. Auf diese Weise erfahre ich vom Brand der Anna Amalia Bibliothek in Weimar, der Bibliothek der Herzogin und Goethe-Mäzenin Anna Amalia von Sachsen-Weimar-Eisenach. «Eine Bücherkirche des Rokoko, wie es in der ganzen Welt keine andere gibt», schreibt der Autor des Nachrufs auf die Bibliothek wehmütig, «ein Ort, wo dem Pilger der Gelehrsamkeit die Erhabenheit eines enzyklopädischen Ideals vor Augen geführt wurde». Und diese «Kirche», das Herz der Weimarer Klassik, ist nun durch einen Brand im Dachgeschoß schwer beschädigt worden, fünf Wochen bevor die wertvolle Büchersammlung in einen Neubau umziehen sollte. Uns bleiben nur nackte Namen.

Die Frankenstraße

Am dritten Tag nach Florenz, an einem Sonntag, erreiche ich Siena. Eigentlich hatte ich mir für die Besichtigung dieser Stadt etwas Zeit nehmen wollen, denn hier trifft mein Weg auf die Via Francigena, die legendäre Frankenstraße, die im Mittelalter von zahllosen «Romipeta», Rompilgern, beschritten wurde und heute den Ehrentitel einer «Kulturstraße des Europarats» trägt. Wir kennen ihren Verlauf aus dem Bericht Sigerics, des Erzbischofs von Canterbury. Oder besser gesagt: einen ihrer möglichen Verläufe, denn die Routen änderten sich im Mittelalter ständig, je nach Witterung und politischer Lage.

Sigeric reiste im Jahr 990 von England nach Rom und zurück, um vom Papst persönlich den Bischofsstab und Mantel entgegenzunehmen und damit die Insignien, ohne die er sein Amt nicht ausüben durfte. Sigeric reiste durch die Normandie und Burgund, überquerte die Westalpen, den Apennin und gelangte schließlich über Lucca, San Gimignano, Siena, am Monte Amiata und am Bolsena-See vorbei, durch Viterbo und Sutri nach Rom. Entlang dieser Route findet man noch heute viele Kirchen und Hospitäler, die einst für die Pilger errichtet wurden, um ihnen Schutz und Unterkunft zu gewähren. So gründeten fromme Stifter in Siena vor fast tausend Jahren das Hospital Santa Maria della Scala, das zunächst nichts anderes als ein «Xenodochium» war. Dieses «Fremdenhaus» entwickelte sich unter den geschickten Händen einer Laienbruderschaft zu einer riesigen kommunalen Einrichtung mit umfassenden karitativen Aufgaben. Und mit immenser ökonomischer Macht: Im Spätmittelalter besaß das Hospital in der gesamten Toskana und über deren Grenzen hinaus ausgedehnte Ländereien, die es zum Teil selbst bewirtschaftete.

Am Domplatz von Siena entstand im Laufe der Jahrhunderte ein labyrinthischer Gebäudekomplex, in dem sich hunderte Helfer der Versorgung verarmter Bürger, der Erziehung von Waisenkindern, vor allem aber der Krankpflege widmeten, eine Funktion, die Santa Maria della Scala bis in die 1970er Jahre ausübte. Auf alten Fotos sieht man noch die Kranken in den Gewölben des «Pellegrinaios» liegen, des einstigen Pilgersaales, unter prächtigen Renaissance-Fresken, auf denen lebendige und detailgetreue Szenen aus einem mittelalterlichen Krankenhaus abgebildet sind. Da erkennt man einen Pfleger mit der schwarzen Kappe der Hospitalbruderschaft, der einen abgemagerten Kranken behutsam auf eine Bahre bettet, Ärzte in bunten Gewändern, die Untersuchungen durchführen oder sich beraten, einen beleibten Geistlichen, der einem Todkranken die Beichte abnimmt, während Bedienstete schon den Sarg hereintragen. Auf einem Regalbrett über dem Bett liegen die Habseligkeiten des Sterbenden, die nach dem Tod an das Spital fallen werden. So war es Brauch.

Heute kann man die Fresken im Pellegrinaio besichtigen, ohne sich vor den Kranken seiner kunstgeschichtlichen Neigungen schämen zu müssen. Der Krankenhausbetrieb wurde Ende der siebziger Jahre in ein modernes Poliklinikum am Stadtrand verlegt und das einstige Hospital im Zentrum in ein Museum verwandelt. So wie das mittelalterliche Hospital Santa Maria della Scala aus den Bedürfnissen der Pilger hervorgegangen war, lebt das Museum Santa Maria della Scala von den Touristen, die in Massen nach Siena strömen und sich durch die engen Gassen der Altstadt wälzen. Auf dem Weg von der Piazza Gramsci zur Piazza il Campo muß ich gegen Wellen deutscher Schulklassen anschwimmen, ecke dabei mit dem breiten Rucksack an und ernte empörte Blicke.

Den Gang zur Touristen-Information hätte ich mir sparen können. Eine junge Frau mit langen braunen Haaren und großem Gebiß, die sich offenbar über den Feiertagsdienst ärgert, fertigt mich barsch ab. Ein Zimmer unter 40 Euro gebe es nicht. Die Jugendherberge? Im Norden, fünf Kilometer außerhalb. Ob ich die Telefonnummer haben könnte? Zwecklos, es würde ohnehin niemand abnehmen. Am besten führe ich selbst hin. Der Kaffee auf der berühmten muschelförmigen Piazza kostet ein halbes Vermögen, und ich habe ihn kaum leergetrunken, da läuft der Kellner

schon nervös vor dem Tisch auf und ab, damit ich meinen Platz für andere Touristen freimache. Ich beschließe, Siena so bald wie möglich zu verlassen. Doch bevor ich der Stadt den Rücken kehre, will ich mir unbedingt den Kopf der heiligen Katharina anschauen.

Caterina Benincasa wurde ein Jahr vor dem Ausbruch der großen Pest geboren, als 24. Kind einer Färberfamilie. Mit zwölf Jahren verweigerte sie die Heirat, die ihre Eltern für sie arrangiert hatten, und schloß sich vier Jahre später dem Dominikaner-Orden an, wo sie sich bald durch besondere Leistungen auf dem Gebiet der Askese hervortat. Es wird berichtet, daß sie die Aufnahme leiblicher Nahrung solange reduzierte, bis sie sich bloß von der heiligen Kommunion nährte. Daß sie schließlich Visionen hatte, in denen Christus erschien und sich mit ihr verlobte, verwundert bei dieser Diät wohl niemanden.

Bei den Zeitgenossen, bis hinauf zu den Päpsten, stand Caterina wegen ihres frommen Lebenswandels in so hohem Ansehen, daß sie in heiklen politischen Fragen als Vermittlerin wirkte. Im Jahr 1376 konnte sie sogar Papst Gregor XI. dazu bewegen, aus dem Exil in Avignon nach Rom zurückzukehren. Die dafür erforderlichen Verhandlungen zehrten allerdings an ihren Kräften, und daher starb sie 1380 recht jung im symbolträchtigen Alter von 33 Jahren im Petersdom zu Rom. Ihre letzten Worte sollen «Sangue, sangue. Blut, Blut» gewesen sein. Während der Rest ihres irdischen Leibes in Rom seine letzte Ruhestätte fand, konnten die Dominikaner in Siena immerhin ihren Kopf für sich reklamieren. Heute ist er in einer Seitenkapelle der Dominikaner-Kirche ausgestellt. Ein kleiner, mit lederartiger, brauner Haut überzogener Totenschädel unter einem blütenweißen Schleier, die Augenlider zusammengenäht, der Mund leicht geöffnet: Das also ist die Patronin Europas. Als solche amtiert die Heilige nämlich seit 1999.

Vor dem Kopf der heiligen Katharina hat sich ein Fremdenführer aufgebaut. In einen grünen Anzug gekleidet, mit gelben Hemd und dunkler Krawatte, die Berlusconi-nahe Zeitung «Il Giornale» lässig unter den Arm geklemmt, belehrt er in nicht ganz akzentfreiem Englisch sein Publikum, daß Katharina von Siena eine Frau des Friedens war und zwischen den verfeindeten italienischen Städten vermittelte. «Auf der anderen Seite hat sie dem Papst geraten, gegen die Sarazenen Krieg zu führen. Daran können Sie erkennen, daß sie eine starke Persönlichkeit gewesen ist und eine Person mit klaren Vorstellungen. Mit sehr klaren Vorstellungen.» Er hört nicht auf, das hervorzuheben. Dieses Bedürfnis nach Klarheit ist mir nicht unbekannt. Das Bedürfnis nach der beruhigenden Klarheit eines Feindbildes. Man nimmt es

Patronin Europas

immer öfter wahr, auch in Deutschland. Ich warte bloß darauf, daß der Fremdenführer die heilige Katharina mit Oriana Fallaci vergleicht. Aber das tut er dann doch nicht.

Zurück auf der Straße, in den engen Gassen der Stadt, lasse ich mich vom Strom der Touristen durch die Porta Romana hinaus aufs Land spülen. Mit jedem Meter, den ich mich von der Stadt entferne, bessert sich meine Laune. Mit einer wilden Freude schmecke ich den Staub der Straße zwischen den Zähnen. Ich tauche ein ins Hügelmeer der Crete Senesi.

Mittelalterliche Straßen in Italien orientierten sich oft an den Römerstraßen. Die Via Francigena etwa folgte der antiken Via Cassia. Anders als diese verlief sie jedoch nicht schnurgerade, sondern in Kurven. Sei es, weil sie eine Schlucht umgehen mußte, die durch den Zusammenbruch eines römischen Viadukts unpassierbar geworden war. Oder weil die Reisenden zu einem Heiligtum in der Nähe geführt werden sollten. Als «Romipeta» des 21. Jahrhunderts muß ich noch größere Bögen um die Via Francigena/Cassia schlagen, um den Autos auszuweichen. Das Büchlein von Hennig hilft mir, einen nicht allzu krummen Weg abseits der Straße zu finden, und wo seine Routenbeschreibung eine Lücke aufweist, wie hier in den Crete Senesi, benutze ich eine Karte.

Ich wandere über einsame Feldwege, an umgepflügten Feldern vorbei und finde nach einigem Suchen eine Furt, durch die ich das Flüsschen Arbia überquere. Gelegentlich kommt mir ein Bauer in einem verstaubten Fiat oder Toyota entgegen, der freundlich grüßt. Um mich herum Herbstfarben im Spätsommerlicht, braun, gelb, grau, und ein heißer, trockener Wind aus Westen. Auf den Kuppen der sanft gerundeten Hügel dunkelrote Höfe: Bauernhausruinen. Als es Abend wird, setze ich mich unter eine Eiche am Wegrand, entkorke eine Flasche Wein und proste der untergehenden Sonne zu, die sich in den umgepflügten Schollen eines Akkers spiegelt und funkelt, als lägen dort Diamanten. Wenig später finde ich eine große, halboffene Scheune, in der das Stroh zu Rollen gepreßt gestapelt ist. Ich klettere auf einen der Stapel und strecke mich aus.

Ein Pater im Streß

Morgens fühle ich mich wie gerädert. Vielleicht liegt es an dem harten Strohballen, vielleicht am Wetter. Es ist schwül und drückend. Da braut sich etwas zusammen. Als ich das Kloster Monte Oliveto Maggiore erreiche, bin ich keine drei Stunden gegangen und dennoch furchtbar erschöpft.

Der Herbergsvater, ein schlaksiger jüngerer Mönch mit einer runden Brille, ist arg im Streß. Eine Gruppe frisch bekehrter Christen ist angereist, um mit ihm das «Fest des

Kreuzes» zu feiern. Alle paar Minuten kommt ein Kleinbus an, und jeder will mit großem Hallo empfangen sein. Man merkt dem Mönch sein Bemühen an, jedem seine Herzlichkeit zu zeigen. «Luca! Wie schön, daß du gekommen bist! Cristina! Ich freue mich so, dich zu sehen!» Kaum hat er den einen in die Arme geschlossen, kommt schon die nächste und will begrüßt sein. Dabei ist soviel zu organisieren. Die Musikgruppe weiß nicht, wo sie ihre Instrumente hintun soll, der Chor nicht, wo er sich aufstellen soll, die Mikrofon-Anlage funktioniert nicht richtig. Und dann dränge ich mich noch dazwischen und sage, daß mich der Pförtner schickt wegen einer Unterkunft.

Der Mönch reißt sich sofort von seinen Schäfchen los und winkt mir, ihm zu folgen. Wir gehen im Eilschritt über den Platz vor der Kirche. Ein paar Mal werden wir von weiteren Neuankömmlingen aufgehalten, bis wir endlich die «Foresteria» betreten, das Gästehaus des Klosters. Ein langer Flur mit Sperrholztüren, die im Wind klappern. Der Pater öffnet eine von ihnen. Das schlicht möblierte Zimmer ist unaufgeräumt, das Bett nicht gemacht. Er öffnet die nächste. Wieder dasselbe. Ich sage ihm, er solle sich meinetwegen keine Umstände machen. Ich hätte einen Schlafsack und bräuchte daher keine Bettwäsche. «Wie lange willst du bleiben?» – «Nur eine Nacht.» Der Pater zieht die benutzte Bettwäsche ab und klemmt sie sich unter den Arm. Dann drückt er mir einen Schlüssel in die Hand und eilt davon. Ich rufe ihm hinterher und frage, was das Zimmer kostet. Er dreht sich noch einmal um und sagt: «Facciamo come si fa tra cristiani. Wir regeln das auf christliche Weise. Du kannst hier bleiben und nicht bezahlen.» Und weg ist er.

Dieses formlose Verfahren entspricht nicht ganz der Regula Benedicti, der uralten Ordensregel der Benediktiner. Sie verlangt, daß Gäste, die ins Kloster kommen, mit Gebet und Friedenskuß empfangen werden und daß ihnen der Abt die Füße wäscht, so wie Jesus es bei seinen Jüngern getan hat. Vor allem den Armen und Pilgern, die zu Fuß gehen, solle diese Ehre erwiesen werden, «weil in ihnen Christus verehrt wird. Die Reichen und Mächtigen werden wegen des Schrekkens, der von ihnen ausgeht, ohnehin ehrenvoll empfangen.» So steht es in der 1500 Jahre alten Benediktregel, nach der auch die Mönche auf dem Monte Oliveto Maggiore leben.

Freilich wuchs den Benediktinern schon im Mittelalter der Besucherandrang über den Kopf. Manche Klöster mußten ein Drittel ihrer Einnahmen für Armenspeisungen und die Bewirtung von Gästen aufwenden. «Bei Gott, wenn der heilige Benedikt heute da wäre, er würde heißen, die Tore zu schließen!», seufzte damals ein italienischer Abt. Daher war eine pragmatische Neuinterpretation der Regel nötig, damit das Leben der Gemeinschaft nicht durch den Herbergsbetrieb Schaden nahm. Erst mußte der Abt nur noch zwölf Pilgern pro Tag die Füße waschen, symbolisch für die zwölf Apostel, später wurden insgesamt nur noch zwölf Arme aufgenommen, denen auch ein anderer Mönch die Füße waschen durfte. Irgendwann kam der Brauch ganz aus der Mode.

An der Gastfreundlichkeit der Benediktiner hat sich dennoch bis auf den heutigen Tag nichts geändert. Natürlich habe ich nicht wirklich erwartet, daß man mir auf dem Monte Oliveto die Füße waschen würde. Für einige Stunden ein Zimmer für mich zu haben, ist ein unschätzbares Glück: den Rucksack vollständig leeren, alle meine Habseligkeiten ausbreiten und ordnen zu können. Ich bin sehr dankbar, daß der gestreßte Pater sich trotz seiner Gäste sofort um mich gekümmert hat. Christus möge beim Jüngsten Gericht zu ihm sagen: «Ich war fremd und obdachlos, und du hast mich aufgenommen.»

Der Regen rinnt das Cape hinab, auf die Beine und von da in die Schuhe. Ungeübt wie ich bin, nachdem mich das Wetter wochenlang geschont hat, reißt das Regencape, als ich vor dem Supermarkt in Montalcino den Rucksack abnehme. Zum Glück gibt es in jeder italienischen Kleinstadt einen «Ferramenta», einen «Eisenwarenladen». Auch in Montalcino muß ich nicht lange suchen, bis ich diese Tante Emma-Version eines Baumarkts finde. Dafür dauert es ein bißchen, bis der Verkäufer hinter der Theke versteht, was ich brauche. Er bringt zunächst Tesafilm, danach Kreppband. Als ich immer noch nicht zufrieden bin, sagt er, dann könne er mir nur noch «dieses starke amerikanische Klebeband» anbieten, und kommt mit einer dicken Rolle metallisch grauen Gaffer-Tapes zurück. Das könnte gehen. Nur ist die Rolle viel zu groß und vor allem zu schwer für meine Bedürfnisse. Sie wird nicht nur bis Rom, sondern vermutlich bis ans Lebensende reichen. «Muß ich alles nehmen?» Der Verkäufer nickt.

Mit meiner neuen Errungenschaft unter dem Arm, für die ich immerhin fünf Euro berappen mußte, gehe ich zum städtischen Museum, wo ich eine überdachte Sitzbank gesehen habe. Dort lasse ich mich nieder und beginne, meine gesamten Habseligkeiten auszupacken, weil das Nähzeug natürlich ganz unten im Rucksack ist. Am Ende hocke ich zwischen einem Haufen abgewetzter Plastiktüten auf der Bank und nähe das Cape wieder zusammen, während mich die Angestellten des Museums und vorbeiziehende Touristengruppen mitleidig begaffen. Die genähten Stellen überklebe ich von beiden Seiten mit dem Gaffer-Tape. So, das müßte halten.

Kurz darauf passiert mir ein weiteres Mißgeschick. An einer Fontanella, wo ich die Wasserflasche auffülle, lasse ich den Hut liegen. Als ich mich an ihn erinnere, bin ich schon halb aus der Stadt hinaus. Die Entdeckung gibt mir einen Stich ins Herz. Nicht auszudenken, wenn der Hut weg wäre!

Nach all den Wochen, die er mich vor Sonne und Wind behütet hat, ist er mehr als nur ein Hut für mich: ein Symbol für den Schutz, unter dem ich als Pilger stehe, ein Dach über meinem Kopf, ein Stück Heimat. Als Pilger entwickelt man eine Art persönlicher Beziehung zu den wenigen Gegenständen, die man besitzt, und ihr Verlust ist über die Maßen schmerzhaft.

Ich eile so schnell zurück, daß mir die Füße weh tun, biege um die Ecke ... Erleichterung! Der Hut liegt noch da, wo ich ihn hingelegt hatte, um bequemer trinken und das Gesicht waschen zu können: auf einem Pfeiler neben dem Brunnen. Ich streichele kurz mit der Hand über den braunen Stoff, der von der Sonne ausgebleicht und vom Schweiß fleckig geworden ist. Dann setze ich den Hut wieder auf und meinen Weg fort.

Der Regen, der mittags etwas nachgelassen hatte, wird nun wieder stärker. Der Wind auch. Er zerrt am Cape, peitscht mir den Regen um die Waden und ins Gesicht. Immerhin, das Gaffer-Tape hält. Ich gehe mitten durch Wolken, von der Landschaft sehe ich fast nichts. Die Wege weichen langsam auf. Der Lehm klebt an den Schuhen fest, so daß sie schwer und schwerer werden. Der Herbst ist da, schlagartig, und es wird empfindlich kühl. Das merkt besonders die Hand, die den Stock umklammert. Doch irgendwann senkt sich der Pfad, Bäume und Gestrüpp halten jetzt den Wind ab. Es geht immer steiler bergab, ich muß aufpassen, daß ich nicht auf dem durchgeweichten Boden ausrutsche. Die Wolken lichten sich, ich trete nach unten aus der Wolkendecke heraus und erkenne, daß ich mich in einem grünen Tal befinde. Bald sehe ich, durch eine Lücke zwischen zwei Bäumen, die Abteikirche von Sant' Antimo auf dem Talgrund liegen, zierlich und weiß, von einem Sonnenstreifen beschienen. Als ich dieses Juwel romanischer Architektur erblicke, schlägt mein Herz höher.

Die Tür am Ende des Ganges ist nur angelehnt. Ich öffne sie vorsichtig: ein Schlafsaal mit mehreren leeren Doppelstockbetten aus Metall. Durch einige Fenster an der Decke fällt Tageslicht herein. In der Mitte sitzt ein weißgewandeter Mönch an einem Tisch, vor ihm steht ein Laptop, links und rechts Stapel von Büchern, Kopien, Notizzetteln. Als ich ihn anrufe, steht er auf, dreht sich um und geht auf mich zu. Er ist hochgewachsen, trägt die Haare kurz rasiert und eine Brille. «Hallo», sage ich: «Du mußt Dominique sein.» – «Ja, der bin ich.» – «Tut mir leid, daß ich störe. Pierino schickt mich. Er sagt, du würdest mir ein Zimmer zuweisen.» – «Ist schon in Ordnung», sagt er in französisch gefärbtem Italienisch. «Darf ich fragen, was du da arbeitest?», frage ich ihn. – «Ich schreibe meine Abschlußarbeit in Theologie ... über das Pilgern als Metapher für das Leben bei Augustinus.»

Das interessiert auch mich: «Und was sagt Augustinus über das Pilgern?» – «Daß jeder Mensch ein Pilger ist, solange er auf Erden, in diesem Körper lebt. Ein Pilger in der Fremde, der auf dem Weg zu seinem Vaterland ist, zurück zu Gott.» Der Mönch lächelt mich wissend an. «Du gehst nach Rom?» – «Ja.» – «Woher kommst du?» – «Aus München.» – «Aber du bist nicht zu Fuß von dort gekommen?» – «Doch.» Er wirkt beeindruckt. «Naja, bald hast du es geschafft. Im Jahr 2000, als das Jubiläum war, bin ich auch entlang der Via Francigena zu Fuß gegangen, aber nur ein kurzes Stück.» Er erklärt mir, welchen Weg er genommen hat. «Diese Herberge, in der wir uns befinden, wurde übrigens auch für das Jubiläum errichtet. Jetzt steht sie die meiste Zeit leer.» – «Kommen keine Pilger mehr?» – «Sehr wenige. Im Sommer kommen Pfadfindergruppen. Aber die Saison ist vorbei, und ich nutze die Abgeschiedenheit, um meine Arbeit fertigzuschreiben. Unten im Konvent ist immer zuviel Unruhe. Dauernd will jemand etwas von einem, weißt du, oder das Telefon klingelt.» – «Erzähl mir mehr darüber, was Augustinus über das Pilgern schreibt», bitte ich ihn. «Nun, Augustinus sagt vor allem, daß wir uns auf unserer Pilgerfahrt nicht aufhalten lassen dürfen, daß wir weder rechts noch links schauen sollen. ‹Wer das Pilgern angenehm findet, liebt das himmlische Vaterland nicht›, schreibt er in einer seiner Predigten. ‹Die Pilgerfahrt ist bitter, sie ist lästig›, sagt Augustinus, denn solange wir unterwegs sind, das heißt, solange wir leben, sind wir nicht am ersehnten Ziel, bei Gott, angekommen.»

Das Fremdsein ist mir inzwischen vertraut: Nirgendwo zuhause, findet man als Pilger nur kurze Zeit Ruhe, gerade genug, um Kraft zu schöpfen zum Weitergehen. Man ist eine Randexistenz, ein Mensch an der Schwelle. Aber das, was Augustinus fordert, erscheint mir doch etwas stark. Diese Welt für immer verlassen? Von wegen! Sobald ich Guidos Hemd nach Rom getragen habe, will ich nach Hause zurückkehren, zu Klara.

Immerhin erklären Dominiques Ausführungen das, was ich in den Stadener Annalen gelesen hatte, Tirris Rat an seinen Freund: Ein Pilger solle sich in solcher Zerknirschung auf den Weg machen, als ob er diese Welt für immer verlassen müßte. Im Vergleich dazu nimmt sich unser modernes Pilgertum wie spirituelle Wellness aus. Gern würde ich mit dem Mönch weiter darüber reden, aber der hat es plötzlich eilig. Er müsse ins Dorf, die Messe lesen, sagt er und zeigt mir schnell ein Zimmer, wo ich schlafen kann.

Die klostereigene Herberge trägt den Namen «Tabor». Sie liegt abseits der Abteikirche, unterhalb des Dorfes und wurde in den Hügel hineingebaut. Der Hang geht direkt in das Dach über, das mit Grassoden bedeckt ist. Nachdem ich mich eingerichtet und geduscht habe, gehe ich über einen Bach und eine Wiese zurück zur Abtei. Von der einst großen Anlage ist nur noch die Kirche übriggeblieben, ein graziler Bau, der mit der Landschaft zu kommunizieren scheint. Skulpturen an der Außenseite, Wasserspeier und Ecksteine in Form von Tierfiguren, spiegeln die umgebende Natur

Ein Juwel romanischer Architektur

wieder. Tauben nisten auf den Gesimsen. Neben dem rechteckigen Glockenturm steht eine große Zypresse, in der eine Horde Spatzen aufgeregt zwitschert, und um die Kirche herum liegt ein Hain uralter Olivenbäume, deren Anblick in der Toskana selten geworden ist, nachdem in den achtziger Jahren ein schwerer Frost die meisten dieser kälteempflindlichen Pflanzen zerstört hat.

Etwas entfernt von der Kirche, hinter einem Platz, wo sich früher der Kreuzgang befunden haben muß, stehen ein paar kleine Häuser aus Stein, die auch schon alt wirken. Dort wohnen die Mönche, eine kleine Gruppe von Prämonstratensern, die sich vor zwölf Jahren in dem seit Ewigkeiten unbewohnten Kloster niedergelassen hat. So hat Fra Pierino mir es erklärt, als ich ankam. Pierino ist ein schmächtiger Mann mit leicht angegrautem kurzen Haar, hohlen Wangen und einem Dreitagebart. Heute nachmittag trug er Jeans und T-Shirt und wirkte irgendwie sportlich. Jetzt ist auch er in ein weißes Mönchsgewand gekleidet und sieht sehr feierlich aus. Als er mich in der Kirchenbank sitzen sieht, kommt er auf mich zu, legt mir freundschaftlich die Hand auf die Schulter und fragt, ob alles in Ordnung sei oder ob er noch etwas für mich tun könne. Leider sei heute Mittwoch, und die Gemeinschaft würde fasten. Sonst hätten sie mich zum Essen eingeladen, sagt er. Dann geht er zurück in den Chor, wo bereits, jeder in sich versunken, eine Handvoll Mönche sitzt.

Nach einer Weile beginnen die Mönche zu singen, abwechselnd allein oder gemeinsam. «Gloria Patri et Filio et Spiritui Sancto. Sicut erat in principio et nunc et semper et in saecula saeculorum. Ehre dem Vater und dem Sohn und dem Heiligen Geist. So wie es war im Anfang und jetzt und immer und in alle Ewigkeit. Amen.» Der gregorianische Gesang verhallt in dem hohen Kirchenschiff, so wie eine kleine Kerze einen großen Raum nur spärlich, aber doch sichtbar erhellt. Und genauso kommt mir das, was Pierino, Dominique und die anderen vier tun, auch vor: wie das Weitertragen einer Flamme aus einer dunklen Vergangenheit in eine ungewisse Zukunft. Ich stelle mir vor, wie es klang, als Dutzende oder sogar Hunderte Mönche in dieser Abtei gemeinsam das Stundengebet sangen. Jene mittelalterliche Theorie kommt mir in den Sinn, nach der am Chorgebet die Engel teilnehmen und die Gebete der Mönche direkt zu Gott tragen. Der hohe Kirchenraum, die Mönche in ihren weißen Gewändern, die sich immer wieder tief verneigen, der hölzerne Christus am Kreuz, der über ihnen schwebt, all das erscheint mir überirdisch. Ich fühle mich in eine höhere Sphäre versetzt, dem staubigen Pilger-Alltag enthoben, von dem, was vor dieser Reise war, ganz zu schweigen.

Durch ein schmales, längliches Fenster in der Apsis, durch das der Kirchenraum mit der Umwelt kommuniziert, fällt mein Blick auf einen Streifen toskanischer Landschaft, auf Weingärten und Zypressen. Eine sanfte, versöhnliche Erinnerung an die Welt da draußen, die aber genügt, um mich aus der Verklärung zu holen. Mit einem Mal wird mir das Unwirkliche an dieser Vorstellung bewußt. Die Schönheit wirkt erzwungen. Sie ist künstlich. Ein Kunstwerk.

Ich rede mit Francesco über meine Beobachtung. Wir begegnen uns in der Gästeküche des Klosters, die ich auf der Suche nach etwas Eßbarem betrete, als er gerade die Zutaten für eine Pasta asciutta aus dem Kühlschrank nimmt: Zwiebeln, Knoblauch, Tomaten, Kräuter. Francesco lädt mich ein, mit ihm zu Abend zu essen, und öffnet eine Flasche Rotwein. Während wir gemeinsam das Gemüse putzen und schneiden, unterhalten wir uns über das, was wir soeben erlebt haben. «Die Mönche singen wirklich sehr gut», sagt er.

Francesco ist Musiker mit einer Vorliebe für alte Musik. Er kommt aus Rom, ist Anfang dreißig und hat sich für eine Woche ins Kloster zurückgezogen. Er wirkt irgendwie nervös, sein Haar ist dunkel und ungekämmt, er trägt einen Fünf-Tage-Bart und einen Ohrring. «Mein Leben ist in der letzten Zeit sehr chaotisch gewesen», sagt er: «Hier nehme ich an allen Stundengebeten der Mönche teil, von morgens bis abends. Ich hoffe, daß dadurch wieder ein wenig Ordnung in mein Leben kommt.»

Während Francesco das Gemüse in der Pfanne dünstet, stelle ich einen Topf mit Wasser auf den Herd, für die Pasta. «Die Mönche singen ausgezeichnet», wiederholt er: «Und sie sind wirklich sehr freundlich. Trotzdem sind sie mir irgendwie unheimlich.» Sein Blick schweift unruhig im Raum umher. «Wieso?», frage ich. Er sagt: «Gestern war ich bei ihnen zum ‹pranzo› eingeladen. Und stell dir vor, sie haben während des gesamten Mittagessens kein einziges Wort gesagt. Die Stimmung war total angespannt.» Ich erzähle ihm vom Monte Senario, von der heiteren, weltoffenen Art der Mönche dort oben, die ganz anders wirkte als das hier. «Vielleicht hat es damit zu tun, daß Sant' Antimo eine Neugründung ist. Neue Orden und Klöster müssen ihre Existenz immer durch besonderen Eifer rechtfertigen», vermute ich.

Während wir die riesige Schüssel Pasta leer machen, unterhalten wir uns über die Italiener. Francesco wirft seinen Landsleuten vor, daß sie sich nicht für andere Menschen interessierten, sondern nur für ihre eigenen vier Wände. «Am schlimmsten sind die Leute in meiner Stadt, die Römer», sagt er: «Sie sind ein selbstzufriedenes, arrogantes Volk. Du wirst es selbst merken.»

Der Prophet vom Amiata

Der Weg um den Monte Amiata ist ein stetes Auf und Ab. Es geht steil hinauf in kleine befestigte Städte und auf der anderen Seite wieder hinab. Ich folge dem Rat des heiligen Augustinus und lasse mich nicht mehr aufhalten, auch nicht von den hübschen mittelalterlichen Stadtbildern der Orte Seggiano, Castel del Piano, Arcidosso. Das Wetter tut ein übriges, indem es nicht zum Verweilen einlädt. Erst war es drükkend heiß, bis der Wind ein heftiges Gewitter herangeweht hat, unter dem ich gerade noch unbeschadet durchtauche. Das Gewitter hat abermals einen heftigen Temperatursturz und Regen gebracht. Irgendwie paßt das herbstliche Wetter zur Landschaft, die immer rauher wird und ein wenig an Schottland erinnert. Höher und höher geht der Weg, durch Kastanienhaine, dann über Weiden, so hoch, wie ich seit dem Apennin nicht mehr gegangen bin.

Plötzlich stehe ich vor etwas Fremdartigem: einer wei-
ßen, spitzen Säule mit einer Wölbung in der Mitte. Als ich näherkomme, erkenne ich in ihr einen buddhistischen Stupa. Bunte Gebetsfahnen flattern im Wind. Unten im Tal sehe ich einen Tempel. Kurz darauf komme ich an einem hellgelb getünchten «Information Center» vorbei. Neugierig trete ich ins Foyer. Der Boden ist mit Terracotta-Fliesen belegt, Dachfenster geben weiches Licht. Links steht ein Tresen mit Broschüren, dahinter ein Mann. Er hat graubraunes Haar und einen kurzen Vollbart. Nach ein paar holprigen Sätzen auf Italienisch wechseln wir ins Englische, seine Muttersprache.

Der Mann, der sich Robin nennt, erklärt: «Dieser Ort heißt Merigar. Er wurde von Chögyal Namkhai Norbu gegründet.» – «Von wem bitte?» – «Namkhai Norbu, einem tibetischen Lehrer, der in den sechziger Jahren nach Italien kam und viele Jahre an der Universität Neapel tibetische Kultur gelehrt hat. In den siebziger Jahren begann er auch Yoga und Dzogchen zu unterrichten und gründete dieses Zentrum. Es ist das Zentrum der europäischen Dzogchen-Gemeinde.» Robin spricht langsam, mit einschläfernder Stimme. «Und was ist Dzogchen?», frage ich. «Dzogchen ist eine Schule der Selbsterkenntnis und der spirituellen Perfektion durch Meditation. Sie hat in Tibet eine lange Tradition. Namkhai Norbu ist ihr oberster Vertreter.» – «Wie groß ist denn die Gemeinde?» – «Ich weiß keine Zahlen, aber zu unseren Schulungen nach Merigar kommen bis zu 3000 Leute aus der ganzen Welt.» – «Und wo bringt ihr die alle unter?» – «In unserem Gästehaus. Außerdem verfügen wir in der Gegend über ein großes Netzwerk, das uns unterstützt, Leute aus der Dzogchen-Gemeinde, die sich ein Haus gekauft haben und hier leben.»

Ein paar Menschen gehen durch das Foyer, Männer und Frauen mittleren Alters. Sie sind leger gekleidet, wirken eher wie Stadtmenschen. Ein Aushang an der Wand gibt die Öffnungszeiten eines ayurvedischen Restaurants bekannt, das sich im Untergeschoß befindet. «Die Leute aus eurer Gemeinde, sind darunter auch Italiener?», will ich wissen. «Ein paar. Aber die meisten kommen aus dem Ausland, so wie ich.» Robin ist seit drei Jahren hier und kümmert sich um die Hausverwaltung. Vorher war er neun Jahre buddhistischer Mönch in Indien, hat Tibetisch und Sanskrit studiert. Aber irgendwann bemerkte er, «daß es nicht das war, was ich brauchte», und so kam er nach Merigar.

Robin redet in einem ganz anderen Tonfall mit ganz anderen Formulierungen von seiner Religion, als ich es vom Christentum kenne, ganz anders auch als das, was Dominique gesagt hat über die Bitterkeit des Lebens. Im Dzogchen scheint das persönliche Wohlergehen des Gläubigen im Vordergrund zu stehen: Ob man an den Schulungen des Meisters teilnimmt, hängt davon ab, «ob es dir etwas gibt», die Praxis der Meditation von «deinen Bedürfnissen». Ich frage Robin, ob er und seine Leute Kontakt zu den Mönchen in Sant' Antimo haben. Er wußte gar nicht, daß es dort ein Kloster gibt. «Und wie sehen die Leute in der Umgebung eure Aktivitäten, die Italiener?» – «Wir haben ein gutes Verhältnis zu ihnen. Die Leute in dieser Gegend sind in religiösen Fragen toleranter als anderswo. Hast du schon von Davide Lazzaretti und den Giurisdavidici gehört?»

Ja, ich habe schon vom «Propheten des Amiata» und seinen Anhängern gehört, oder besser gesagt gelesen. Es ist eine merkwürdige Geschichte. Eine Geschichte von Glaube und Ketzerei, von Aufstand und Unterdrückung. Davide Lazzaretti war ein Fuhrmann aus Arcidosso, der Lasten zum Bahnhof unterhalb des Monte Amiata transportierte. Er soll ein unruhiger Mensch gewesen sein, dem Wein und den Frauen zugetan. Auf den langen Fahrten mit seinem Karren hatte er viel Zeit, über das Leben nachzudenken, aber das Nachdenken beunruhigte ihn nur noch mehr.

Im Jahr 1868, als Lazzaretti 34 Jahre alt war, erfuhr er eine Reihe von Visionen, die ihn überzeugten, zu einer göttlichen Mission berufen zu sein. Den Papst, den er daraufhin aufsuchte, konnte er von dieser Mission jedoch nicht überzeugen. Damals saß Pius IX. auf dem Petrusstuhl, der Verkünder des Unfehlbarkeitsdogmas und Verfasser eines «Syllabus über die Irrtümer der Zeit»: einer Enzyklika, die alle modernen Weltanschauungen vom Rationalismus bis zum Sozialismus als häretisch verurteilte. Was sollte dieser Papst von einem Fuhrmann halten, der nicht nur behauptete, daß ihm Gott erschienen war, sondern daß er ihm den Auftrag gegeben hatte, die Gesellschaft neu zu ordnen?

Nach seinem gescheiterten Annäherungsversuch an die Römische Kirche zog sich Lazzaretti in seine Heimat zurück, aber er war keineswegs entmutigt. Nach einer Zeit des Fastens und der Buße begann er öffentlich zu predigen. Bald bekam er großen Zulauf, vor allem von den Bauern der Gegend. Wenn er sprach, leerten sich die Kirchen. Er verkündete die Ankunft eines Messias und den Anbruch eines neuen Zeitalters, in dem der Heilige Geist unmittelbar wehen und die «falschen Lehren» und «Mißbräuche» abgeschafft würden. Letzteres richtete sich gegen die Päpste, deren Herrschaftsanspruch Lazzaretti nun offen ablehnte. Die katholische Kirche habe ihre Mission erfüllt und müsse durch eine andere ersetzt werden, erklärte er. Seine Jünger, die immer zahlreicher wurden, begannen Lazzaretti selbst als Messias zu verehren, nannten ihn «Christus Führer und Richter» und sich selbst «Giurisdavidici»: Anhänger des Richters David.

Der katholischen Kirche konnte das alles nicht recht sein. Weitaus unheimlicher war jedoch, daß die Giurisdavidici mit den sozialen Forderungen des Christentums ernst machten. Unter Lazzarettis Führung schlossen sich achtzig Familien zu einer «Heiligen Liga oder Christlichen Bruderschaft» zusammen. Sie teilten ihren Besitz, bewirtschafteten ihr Land gemeinsam und errichteten auf dem Monte Labbro, einem felsigen Berggipfel im Südwesten des Amiata, einen Tempel und einen Turm mit einem Kreuz darauf sowie Gemeinschaftsgebäude: eine Kommune, in der jeder nach seinen Fähigkeiten und seinen Bedürfnissen versorgt wurde, in der die Frauen Stimmrecht hatten und die Kinder gratis Unterricht erhielten. Lazzaretti berief sich zwar nicht auf Marx, aber er veranstaltete sein kollektivistisches Experiment zu einer Zeit, als die «soziale Frage» auch in Italien auf der Tagesordnung stand, als die ersten Streiks und kommunistischen Agitatoren die italienische Bourgeoisie in Unruhe versetzten.

Als Lazzaretti begann, in seinen Schriften den Reichtum des Klerus anzuprangern und das Privateigentum in Frage zu stellen, wurde es für die Autoritäten Zeit zu handeln. Im Frühjahr 1878 verurteilte die Inquisition seine Lehren und setzte seine Schriften auf den Index. Daraufhin verstärkte Lazzaretti seine Kritik an der Kirche. Mitte August rief er seine Anhänger zu einer Demonstration auf, die vom Monte Labbro nach Arcidosso führen und dort öffentlich die Gründung der «Kirche der Giurisdavidici» proklamieren sollte.

Am Morgen des 18. August 1878, einem Sonntag, stießen einige hundert Demonstranten vor den Toren von Arcidosso mit der Polizei und mit Militäreinheiten zusammen, die eilig zusammengezogen worden waren. Einer der Soldaten schoß auf Lazzaretti und verwundete ihn tödlich. In dem folgenden Scharmützel starben drei weitere Bauern, vierzig wurden verletzt, die Menge verstreute sich in alle Richtungen. Nachdem ihr charismatischer Führer gefallen war, genügten wenige Maßnahmen, um die Bewegung der Giurisdavidici zu unterdrücken. Der Turm auf dem Monte Labbro verfiel.

Christus Führer und Richter

«Kurz bevor Davide Lazzaretti starb, verkündete er, daß ein Meister aus dem Osten in dieses Tal kommen würde», sagt Robin, der Hausverwalter von Merigar. «Die Prophezeiung hat sich erfüllt, in unserem Lehrer Namkhai Norbu.» Er lächelt ironisch. «In der Gegend gibt es noch heute Anhänger Davide Lazzarettis, eine Handvoll Leute, die sich regelmäßig treffen und seiner gedenken. Sie haben in Arcidosso ein Denkmal für ihn errichtet und sind jetzt dabei, den Turm auf dem Monte Labbro wieder aufzubauen. Du kannst ihn von hier aus erkennen.»

Als ich weitergehe, habe ich den Gipfel des Monte Labbro vor Augen. Tatsächlich läßt sich auf der felsigen Spitze ein kleines, aber markantes Viereck ausmachen: der Turm der Giurisdavidici. Die Landschaft ist karg. Man sieht ihr die frühere Armut noch an. Kaum Felder, dafür ausgedehnte Weiden für die Schafzucht, die mit niedrigen Steinmauern abgeteilt sind. Die Gehöfte stehen einzeln, manche sind auffällig bunt bemalt, hellblau oder in kräftigem Gelb: vermutlich die Behausungen der eingewanderten Buddhisten. Ich steige bergan und komme dem wolkenverhangenen Gipfel des Monte Labbro näher. Über Felsen und Schotterhängen sehe ich jetzt den Turm aufragen. Für einen Moment überlege ich, neugierig geworden, hinaufzugehen und in den Ruinen zu übernachten. Aber dann scheue ich den Umweg und beschließe, lieber in einem der Schafställe Unterschlupf zu suchen, die verlassen auf den Weiden herumstehen.

Der Weg erreicht seinen höchsten Punkt, einen Sattel, der mit einer Stele aus Holz markiert ist. Atemlos schweift mein Blick in die Runde. Vor meinen Augen breitet sich eine Hügellandschaft aus, die Maremma, und dahinter glänzt im Licht der untergehenden Sonne, unter tiefhängenden Wolken, eine endlose flache Scheibe: das Meer. Rechts erkenne ich die Spitze der Insel Elba, weiter links eine Landzunge, die weit ins Meer hineinragt, mit einem Berg darauf: der Monte Argentario.

Der Wind hat jetzt um 180 Grad gedreht und weht Nieselregen heran, mit dem sich Schwermut und Düsternis auf das Land legen. Einsam und fremd ragen einzelne urwüchsige Eichen oder Linden zwischen den Weiden und Hecken auf. Es wird Zeit, daß ich irgendwo unterkomme. Doch alle Ställe, die ich inspiziere, sind primitive, baufällige Hütten aus lose übereinander geschichteten Steinen, durch die der Wind weht, mit Wellblechdächern, durch die der Regen eindringt, die Böden mit Unrat bedeckt. Immerhin sind weder Weiden noch Ställe verschlossen, was nach meinen bisherigen Erfahrungen für Italien ungewöhnlich ist. Ich schreibe es der Mentalität der Schafzüchter zu, die als Nachfahren von Hirten vielleicht weniger seßhaft sind, oder den Nachwirkungen von Lazzarettis kollektivistischem Experiment im 19. Jahrhundert.

Als ich schon die Lichter des Ortes Roccalbegna sehen kann, der klein und zerbrechlich unter hoch aufragenden Felsen daliegt, finde ich neben einem größeren, leer stehenden Haus, das offenbar kurz vor dem Einsturz steht, eine kleinere Hütte, deren Tür nur mit einer Schnur verschlossen ist. Sie war wohl einst die Behausung von Menschen. An der Stirnseite ist ein Kamin mit Rauchfang, und das winzige Fenster ist verglast, wenn auch völlig blind. Der strenge Geruch und der vertrocknete Mist auf dem Boden lassen darauf schließen, daß die Hütte jetzt als Schafstall dient. Sie ist fast leer, bis auf ein paar leere Futtersäcke und Holzreste. Der Clou jedoch ist ein Haufen frischen Strohs in der Mitte. Daraus baue ich mir ein Lager. Inzwischen ist der Regen stärker geworden, aber das Dach hält dicht, bis auf zwei Stellen direkt am Eingang, wo es heruntertropft.

Nachdem ich Abendbrot gegessen habe, mache ich es mir auf dem Stroh bequem, schaue in die Dunkelheit, aus der ich stamme, und lausche dem Wind, vor dem die Bäume fliehen. Ich fühle mich seltsam verletzlich, aber nicht bedroht; bin allein, aber nicht einsam. Ich denke an Guido, an meinen Vater, an Klara und bin mir sicher, daß sie in diesem Moment auch an mich denken, fühle mich mit ihnen verbunden und zugleich verbunden mit den Millionen Menschen, die seit Jahrtausenden diesen Weg gegangen sind und ihn in Zukunft gehen werden, ein unendlicher Strom, von dem ich ein Teil bin, ein Tropfen in einem großen Fluß.

Mitten in der Nacht wache ich auf. Ich höre ein Rascheln, es scheint aus dem Innern der Hütte zu kommen, ganz nah an meinem Kopf. Ich schrecke hoch und taste nach der Stirnlampe. Irgendetwas bewegt sich in der Finsternis, jetzt höre ich es an der Wand. Endlich finde ich das Lämpchen und kann in den Raum leuchten. Das Licht fällt auf die verstaubten Spinnweben, die von der Decke hängen. Von oben blitzen mich zwei kleine Äuglein an. Gleich darauf flitzt es davon, turnt zwischen den Holzbalken des Dachstuhls umher. Ich bin doch nicht allein. Hier sind Ratten. Die Vorstellung, sie könnten, während ich schlafe, an mir knabbern oder zu mir in den Schlafsack kriechen, hält mich eine Zeit lang wach. Doch dann beruhige ich mich und schlafe wieder ein. Ratten beißen keine Pilger.

Der See

«Der See ist heilig», sagt der alte Mann. Er hält mich am Ellenbogen fest, seine Augen funkeln. Der Hut sitzt hoch auf seinem Kopf, das abgewetzte grüne Jackett ist zugeknöpft. Ich bin ihm auf der Landstraße begegnet: ein seltener Fußgänger im Land der Autofahrer. Im Land der wilden Räuber, das war Latium früher, und der freilaufenden Hunde, das ist es heute. Was ich noch wahrnehme: Gehöfte, die halbe Baustellen sind, mit Gerümpel übersäte Grundstücke, brachliegende Felder, die verrosteten Gestelle eines Kieswerks, mitten auf freiem Feld, von Maschendraht abgeschirmt, das riesige Betonskelett einer Investitionsruine, Hohlwege aus der Estruskerzeit, die tief im Tuffgestein versinken, Straßenschilder mit Einschußlöchern, Gewehrschüsse am hellichten Vormittag. Ich habe die Orientierung verloren. Der alte Mann erklärt mir den Weg zum Lago di Mezzano. Er deutet mit der Hand auf eine bewaldete Anhöhe, den Krater des

Sees, der früher ein Vulkan war. «Il lago è santo. Der See ist heilig», sagt er noch einmal, zwinkert mir vertraulich zu und geht davon.

Die Tage verlaufen in immer gleicher Routine, sind geregelt und diszipliniert wie die Tage der Mönche, nur daß ich nicht bete, sondern gehe und gehe, zehn Stunden am Tag oder elf. Gehen, Essen, Gehen, Schlafen, Gehen. Ich verpflege mich in den Dörfern, durch die ich komme, in kleinen Alimentari-Läden. Das dauert immer etwas, weil die Stammkunden, zumeist Frauen, bevorzugt bedient und weil natürlich Neuigkeiten ausgetauscht werden müssen: «Geht es der Oma besser? Was machen die Kinder?» Meine Diät ist einförmig: Brot, Wurst, Käse, Oliven, ein wenig Obst und Joghurt, Schokolade und Wein. Am Wegrand pflücke ich Feigen. Ich überschlage meine Finanzen und stelle befriedigt fest, daß ich gut gewirtschaftet habe. Daher kann ich es mir nun leisten, in Pensionen zu übernachten, in einfachen Quartieren für Handlungsreisende und Monteure. Mit der Suche nach einem sicheren Schlafplatz will ich mich nicht mehr aufhalten, obwohl es einfacher geworden ist, denn das Wetter hat sich wieder stabilisiert.

Das Land fliegt an mir vorbei: Sovana mit seinen etruskischen Gräbern, Pitigliano mit seinem Weinbau und der jüdischen Gemeinde, die hier im Mittelalter, unter der schützenden Hand des Papstes, blühte, endlich der Bolsena-See, in den ich mich hastig hineinstürze, um zu baden, nachdem ich mich im einsamen Lago di Mezzano nicht getraut hatte – «der See ist heilig». Aber ich humpele fast genauso schnell aus dem Wasser, wie ich hinein bin, nicht weil es sonderlich kalt wäre, sondern weil die Füße auf das ungewohnte Milieu mit dumpfen Schmerzen reagieren. Die Schmerzen lassen zum Glück bald nach, als ich mich am Ufer ausstrecke, und ich kann weiter gehen, bis nach Capodimonte, das in der Abendsonne auf dem See zu schweben scheint.

Am gegenüberliegenden Ufer, in Bolsena, gehen schon die Lichter an, als ich mich auf die Uferpromenade setze, um den Schlaftrunk einzunehmen, einen Weißwein aus der
Gegend mit dem denkwürdigen Namen «Est Est Est». An dem Tropfen soll sich im Mittelalter ein deutscher Prälat zu Tode getrunken haben, behauptet das Etikett auf der Rückseite, und zwar deshalb, weil der Wein so gut war. Naja. Ich finde jedenfalls unbeschadet den Weg zurück über die Straße ins Hotel.

Es ist das einzige am Ort, heißt «Riva blu» und hat zweifelsohne seine besten Tage hinter sich. Die zugehörige Bar ist in einem blaßrosa Bungalow direkt am See untergebracht, dem ein neuer Anstrich nicht schaden würde. Als ich vorbeigehe, steht ein braungebrannter Typ an der Theke mit weißen Haaren und Backenbart, eine getönte Brille vor den Augen, das Jeanshemd bis zum Gürtel aufgeknöpft, auf der behaarten Brust ein Goldkettchen. Die reizende Barfrau von eben ist leider nicht da.

Sie hatte die Statur einer Ringerin, trug ein ärmelloses T-Shirt, deren tätowierte Oberarme sich mit meinen Schenkeln messen konnten, eine schwarzgefärbte Helmfrisur, und ihre Stimme kündete vom Genuß unzähliger Zigaretten. Sie brachte mich zu meinem Zimmer. Ob das Gehen eine Leidenschaft von mir sei, wollte sie wissen, als wir von der Bar ins Hotel hinübergingen, «una passione»? Nein, ich hätte ein Gelübde abgelegt, zu Fuß nach Rom zu gehen. «Na gut», sagte sie, «das ist ein Grund. Ich hätte sonst gedacht, du bist ‹matto›, verrückt. Wie kann man nur soviel gehen? Ich benutze sogar zum Zigarettenholen das Auto.» Sie zeigte mir das Zimmer, das dezent nach kaltem Rauch roch, und zog dabei eine Miene, daß ich mich wohlweislich hütete, auch nur eine Andeutung von Mißfallen zu zeigen. Die weiß-rosa gemusterte Tapete blätterte von den Wänden, das Fenster im Bad war zersprungen und mit Plastikfolie überklebt, eine Steckdose hing aus der Wand. Mir war es einerlei, schließlich war ich nicht im Urlaub, und zum Schlafen würde es allemal reichen.

Beschwert vom «Est Est Est» falle ich in einen bleiernen Schlaf. Irgendwann tief in der Nacht werde ich geweckt. Motorräder heulen vor meinem Fenster auf und beschleunigen um die Wette, erregtes Stimmengewirr, dazu laute elektronische Musik. Saturday night in Capodimonte.

Erleuchtung

Was an einer Pilgerfahrt «spirituell» sein soll, ist mir lange nicht klar gewesen. Und ich bin mir nicht sicher, ob ich es heute verstehe. Sicher ist nur, daß ich am fünfzigsten Tag meiner Reise etwas erlebe, das ich nie zuvor erlebt habe.

Der Morgen beginnt unspektakulär, mit dem dumpfen, kurzatmigen Platschen des Sees, das durch das geöffnete Fenster ins Zimmer dringt und mich auch in den ersten Stunden der morgendlichen Wanderung begleitet, während die Sonne aufgeht, sich in der Oberfläche des Sees spiegelt und durch das Laub der Platanen am Ufer blinzelt. An der Schönheit des Tages habe ich keine Freude. Schon länger plagt mich eine Verspannung in der Schulter, die wohl vom Gewicht des Rucksacks rührt und von Tag zu Tag ärger wird. Heute ist der Schmerz endlich so stark, daß er alle Aufmerksamkeit absorbiert.

In Montefiascone – einst eine päpstliche Festung, heute eine Kleinstadt auf dem Kraterrand des Bolsena-Sees – bringe ich meine Moral mit Kaffee und süßem Gebäck wieder auf Vordermann. Aus der Bar, einem unterirdischen Hallenkomplex mit einer schier endlosen Theke, Videospielen und Trophäen an den Wänden, stolpere ich direkt in eine Kirche, nein, eigentlich sind es zwei Kirchen, eine romanische und eine barocke, die man übereinander gebaut hat. In der unteren wird gerade die Sonntagsmesse gefeiert, die auffallend gut besucht ist, auch von jungen Menschen. Ich warte das Ende ab, um mir hinterher in Ruhe die grotesken Kapitelle an den Säulen anschauen zu können.

Da sieht man schaurige Monster zwischen Ranken, die mit ihren langen Schwänzen Menschen umwickelt halten, um sie zu verschlingen. Aus einem ihrer Mäuler ragt makaber eine menschliche Hand. Das hübscheste Kapitell von allen zeigt einen feixenden Mann, der zweimal abgebildet ist. Auf der einen Seite hält er sich den Bart und zeigt mit der Hand auf eine lateinische Inschrift, ein Wortspiel, das soviel besagt wie: «Die ihr euren Saal betrachtet, beachtet meinen Bart. Ich bin der Wächter des Saals, mit Skulpturen verspotte ich die Narren.» Auf der anderen Seite der Säule hält sich die Figur mit der einen Hand den Bauch und mit der anderen einen Kelch in die Höhe.

Beim Rundgang durch die Kirche stoße ich auf den Grabstein jenes unglücklichen deutschen Prälaten, der sich am hiesigen Wein zu Tode getrunken haben soll. Wieder eine lateinische Inschrift: «Est Est Est. Propter Nimium Est Hic IO DEFUK Dominus Meus Mortuus Est.» Auf deutsch: Ist Ist Ist. Wegen zuviel ‹Ist› ist hier mein Herr Johannes Defuk gestorben.

Defuk soll für Fugger stehen, hatte mir das Etikett auf der Weinflasche erklärt, und der sonderbare Name des Weins soll daher kommen, daß Johannes Fugger auf der Reise nach Rom täglich seinen Diener vorausschickte, um zu schauen, wo es Wein gab. Fand er welchen, sollte der «Est» an die Hauswand schreiben, was soviel heißt wie «Es gibt». Fand er guten, dann «Est Est». In Montefiascone schrieb er «Est Est Est», mit den erwähnten Folgen. Soviel zur notorischen Trinkfestigkeit der Teutonen.

Solcherart waren die Höhen und Tiefen eines nicht weiter ungewöhnlichen Pilgertages, und nichts hat mich auf das vorbereitet, was am Nachmittag passiert. «Passiert» ist das falsche Wort, ich erlebe lediglich eine kleine Bewußtseinserweiterung. Das ganze ist schwer zu beschreiben, und wer mich für überspannt hält, den kann ich gut verstehen. Womöglich haben die wochenlangen Strapazen der Wanderung meinen Geist mehr als meine Beine ermüdet.

Hinter Montefiascone ist die Zeit der gemütlichen Wanderpfade und der ruhigen «strade bianche», der kiesgedeckten Fahrwege, endgültig vorbei. Von nun an werde ich bis Rom auf richtigen, asphaltierten Straßen gehen, ausgerüstet mit einer Karte von Latium im Maßstab 1 : 200 000. Ich beschließe, nicht die normale Route über Viterbo zu nehmen, die Via Cassia, sondern einen Schlenker nach Osten zu machen, über Vitorchiano, wo es ein Kloster geben soll, und die Monti Cimini zu überqueren. Hier gehe ich zumindest am Anfang auf Straßen niederer Rangordnung.

Ich gehe schon eine Weile die Straße entlang, die sich hebt und senkt und kleine Kurven durch die herbstlich vergilbte Landschaft macht. Und da passiert es plötzlich: Ich kann das Gehen sehen. Damit meine ich nicht die Bewegung der Beine, die ich natürlich auch wahrnehme – den Impuls der Hüfte, das Einknicken des Knies, das Schwingen und Strecken des Beins nach vorn, das Auftreffen der Schuhsohle auf dem Asphalt, das Abrollen des Fußes und wieder von neuem, immer derselbe Bewegungsablauf, dazu das rhythmische Klacken des Wanderstocks bei jedem vierten Schritt. Dahinter sehe ich jetzt noch etwas anderes: das Gehen selbst. Das Gehen hat sich von der äußeren Bewegung gelöst. Auch von mir, dem Gehenden, und von dem, was in mir vorgeht, hat es sich abgelöst.

All das ist in den Hintergrund getreten. Es ist zwar noch da, funktioniert weiter, hat aber keine Bedeutung mehr neben dem Anderen, das ich jetzt vor dem inneren Auge sehe. Es ist wie ein Fließen, ein Strom von Energie, der irgendwo in mir entspringt und durch mich, durch die Beine hindurch in den Boden fließt. Ein plätschernder Fluß von gemessener ruhiger Kraft, der sich aus einer unsichtbaren, kraftvoll sprudelnden Quelle speist. Und ich erkenne, daß ich immer so weiter laufen könnte, bis in alle Ewigkeit, daß ich nie wieder anhalten muß. Irgendwann wird der Körper zusammenbrechen und leblos liegenbleiben. Aber die Kraft, die sich beim Gehen in mir entfaltet, wird niemals aufhören, sondern immer weiter fließen.

Ein Glücksgefühl durchströmt mich, ich empfinde eine Leichtigkeit und Gelassenheit, die mich fast durch das Land schweben läßt. Die Autos und Motorräder, die kläffenden Hunde, die kleinen Orte, die ich passiere, der Schmerz in der Schulter, die Hitze des Mittags, Durst, Hunger, mein Auftrag, das Ziel: All das ist noch da, aber es ist nicht mehr von Belang. Wichtig ist nur noch das sanfte Strömen der Energie, die mich durchfließt und der ich zuschauen kann, wie man am Ufer eines Baches sitzt und dem munter sprudelnden Wasser zusieht. Und erkannt zu haben, daß dieser Fluß unerschöpflich ist. Was ich sonst tue, geschieht beiläufig: ein paar Feigen pflücken, auf die Karte schauen, nach dem Weg fragen, einen Schluck Wasser trinken. Und doch fügt es sich nahtlos ein in die Heiterkeit dieses Tages, des fünfzigsten auf dem Weg nach Rom.

In Vitorchiano, einer dieser Städte, die sich auf Felsen zusammendrängen, steht mein Entschluß fest, heute nacht weiterzugehen. Ich spüre diese Kraft in mir, das Wetter ist mild, und vor mir liegt eine Etappe, die ich lieber nicht morgen im Berufsverkehr gehen möchte: Der Weg über die Monti Cimini verläuft großenteils über eine Provinzstraße. Zuvor will ich mir aber noch ein Kloster ansehen, das wenige Kilometer hinter Vitorchiano an der Straße liegt. Fra Dominique aus Sant' Antimo hatte mir davon erzählt. Es ist ein Frauenkloster: Trappistinnen. Sie leben in strenger Klausur, abgeschieden von der Außenwelt, und haben ein Schweigegelübde abgelegt.

Schwester Milena redet mit mir, redet gern und viel. Wir stehen in der Spülküche des Gästehauses. Sie ist jung, hat ein offenes, nicht unhübsches Gesicht, trägt einen hellblauen Kittel und ein Kopftuch, das hinter den Ohren zusammengebunden ist. «Wir sind achtzig Schwestern», sagt sie, «und produzieren fast alles selbst, was wir zum Leben brauchen.» Den Überschuß ihrer Arbeit, Äpfel, Marmelade, Honig, Kerzen, verkaufen die Nonnen in einem Laden am Eingang des Klosters. Eine Frage liegt mir auf dem Herzen: «Dürft ihr wirklich nicht sprechen?» – «Natürlich dürfen wir sprechen. Aber nur soviel, wie für die Arbeit unerläßlich ist.» Milena lacht, als sie das sagt, und ihre Augen blitzen. Sie lacht überhaupt viel. «Und du darfst die Klausur verlassen?», frage ich sie. «Wir kümmern uns zu dritt um das Gästehaus. Aber jetzt muß ich weg, zur Vesper. Du kannst in Ruhe essen. Bitte iß soviel du willst. Und nimm dir ein paar Brote mit. Im Speisesaal liegen Äpfel und Pflaumen. Nimm dir auch davon, bitte.» Sie drückt mir die Hand und sagt: «Ciao. Alles Gute.»

Ich esse mein zweites Brötchen, da kommt Schwester Milena noch einmal angerauscht. Diesmal trägt sie ein weißes Ordenskleid, den blauen Kittel hat sie über den Arm gelegt. Ihr ist noch etwas eingefallen: «Sag mal, wo schläfst du eigentlich heute nacht?» Ich sage ihr, daß ich heute nacht weitergehen will. Sie blickt mich fragend an. Dann sagt sie wieder: «Also, alles Gute.» Und eilt davon, über den Hof zum Hauptgebäude.

Das habe ich schon besichtigt, soweit ich konnte. Man betritt ein Foyer. Links ein Gang, der vor einer Tür endet, rechts ein Fenster, das mit einer Klappe aus Holz verschlossen werden kann, daneben eine drehbare zylindrische Lade mit drei Fächern, mit der man auch größere Dinge hinein- und hinausgeben kann, ohne daß sich die gebende und die nehmende Person berühren, ja auch nur sehen. Geradeaus geht man in das Besuchszimmer. Die Tür stand offen, es war niemand darin. Ein wenig hinter der Mitte wird der Raum durch einen breiten flachen Tresen geteilt, von dem eine Glasscheibe bis zur Decke geht. Vor und hinter dem Tresen stehen jeweils ein paar Stühle. Das Besuchszimmer eines Gefängnisses.

Nachdem Milena fortgegangen ist, kommt ein junges Mädchen mit Zahnspange in die Spülküche. Wir unterhalten uns. Sie ist aus Siena und das Wochenende mit ihrer Oma zu Besuch im Kloster. Eine Tante von ihr sei «bei den Schwestern». Als ich mich sattgegessen habe, führt sie mich hinaus, um mich ihrer Oma vorzustellen. Auf dem Hof steht ein Reisebus mit geöffneten Klappen. Ein paar Koffer liegen im Gepäckraum, auf einer Bank vor dem Gästehaus sitzen Leute, darunter eine ältere Frau, die Oma des Mädchens. Neben ihr ein Mann, weißhaarig, mit einer Brille und rotem Gesicht, der sagt, er sei vom Comer See und habe ebenfalls eine Tochter in diesem Kloster. Ich stelle mir vor, wie er mit ihr in der Besuchszelle saß, durch die Glasscheibe voneinander getrennt. «Wenn deine Tochter ins Kloster geht, in ein Kloster wie dieses, ist es so ähnlich, als wenn sie gestorben wäre», sagt er. Die Oma nickt zustimmend. «Aber ich habe mich damit abgefunden», sagt der Mann. «Hauptsache, sie ist glücklich damit und es geht ihr gut.» Die Oma nickt wieder und sagt: «Das Kloster hat zum Glück dieses Gästehaus hier. So können wir unsere Kinder ab und zu besuchen. Wir nehmen an den liturgischen Gebeten teil. Dabei sind wir zwar durch eine Wand von den Nonnen getrennt, aber wir können sie wenigstens hören.» Sie würden noch Abendbrot essen, bevor sie heimfahren. Ob ich ihnen Gesellschaft leisten wolle? Die Frage erinnert mich daran, daß es Abend geworden war. Vor mir liegt die Nacht. Vor mir liegen die Monti Cimini.

Ich folge einer schmalen asphaltierten Straße den Berg hinauf, durch den lichtgrünen Laubwald, der sich wie ein Tunnel über mir schließt. Als ich merke, daß ich müde werde und unwillkürlich versuche, gegen die Müdigkeit anzurennen und Strecke zu machen – «a fare strada», wie die Italiener sagen –, versuche ich die Aufmerksamkeit erneut auf das Gehen zu richten. Wieder tritt das Bild des Fließens vor das innere Auge, wieder ist es eine stärkende, beglückende Erfahrung. Und jetzt sehe ich auch den Wald in der Abendsonne, das hellgrüne Gewirr von Stämmen, Bäumen, Ästen, sehe die neu gedeckte asphaltschwarze Straße mit ihren weißen Begrenzungsstreifen, die sich vor mir den Berg hinaufwindet, sehe die Autos, die mir in langsamem Tempo entgegenkommen oder mich überholen, sehe all das von derselben Energie durchströmt und belebt, die auch mich bewegt. Der Anblick von soviel Schönheit treibt mir Tränen in die Augen.

Immer höher führt die Straße, wird schließlich ebener, und als die Sonne untergegangen ist, erreiche ich die größere Provinzstraße. Wo die beiden Straßen aufeinandertreffen, hat man einen großen Parkplatz und einen Unterstand mit Hinweistafeln angelegt. Davor ist ein teures SUV geparkt, einer dieser Pseudo-Geländewagen, die man in letzter Zeit immer öfter sieht. Ein Mann steht daneben und wartet, während ein anderer drinnen telefoniert. Als ich den Unterstand begutachte, steigt der andere ebenfalls aus dem Auto, und beide kommen auf mich zu.

Es sind kräftige Männer in meinem Alter, sie tragen legere, aber hochwertige Kleidung. «Bist du ein Scout?», fragt der eine mit sarkastischem Unterton. «Was läufst du hier in der Nacht herum? Wo willst du hin?», fragt der andere. Er ist kahlgeschoren, seine Stimme klingt ungeduldig. Ich erkläre ihnen, daß ich nach Rom gehe, daß ich ein Pilger bin. «Und wo übernachtest du? Wo willst du heute noch hin? Hast du keine Unterkunft?» Ich fühle mich unbehaglich. Sie sind zu zweit, stehen mir nah gegenüber, und ich habe den schweren Rucksack auf dem Rücken. Sie könnten mich sofort packen, die vorbeifahrenden Autos würden von einem Kampf im Dämmerlicht nichts mitbekommen. Ich erkläre ihnen, daß ich in der Nacht gehe, weil da weniger Verkehr ist, erzähle von meiner Wanderung, rede in einem fort, um ihr Vertrauen zu gewinnen. Allmählich scheint der eine zu begreifen. Er wiederholt dem Kahlgeschorenen, was ich gesagt habe. «Er macht eine Pilgerfahrt. Er geht zu Fuß nach Rom. Ich habe von dieser Sache gehört. Und er geht in der Nacht, um den Autos auszuweichen. Ich glaube, er ist in Ordnung.» Der Kahlgeschorene guckt mich eine Weile prüfend an. Dann dreht er sich um und geht zum Auto zurück. Der andere folgt ihm. Beim Einsteigen grüßen sie kurz. Der Wagen fährt so abrupt an, daß der Schotter hochspritzt.

Auf der Provinzstraße, die sich in Serpentinen zum Kraterrand hinaufwindet, halte ich es nur ein paar hundert Meter aus. Endlose Kolonnen von Autos kommen mir entgegen, Heimkehrer vom Sonntagsausflug, die mich trotz der Warnweste erst spät sehen, und ich kann nirgendwohin ausweichen, weil der Straßenrand mit hohen Leitplanken begrenzt ist. Zermürbt flüchte ich in ein Pinienwäldchen, das einmal zu einer prächtigen Picknick-Zone ausgebaut werden soll, wie ein Schild großspurig erklärt. Eine Bank aus Holz steht schon da. Auf ihr mache ich es mir bequem, so gut es geht, den Rücken an den Rucksack gelehnt, die Beine gegen den sachten, aber kühlen Wind in das Regencape gewickelt.

Ich esse etwas, schlafe ein Stündchen. Unablässig rauscht der Verkehr vorbei. Ich gehe auf und ab, setze mich wieder hin, esse noch etwas, döse. Allmählich läßt der Verkehr nach. Schließlich kommt nur noch alle paar Minuten ein Auto und beleuchtet mit seinen Scheinwerfern die Szenerie. Ist es vorbei, treten vor den klaren Sternenhimmel langsam wieder die Wipfel der Bäume, deren Geäst so verschlungen ist wie die Ranken an den Kapitellen der Kirche in Montefiascone, zwischen denen die Monster hervorlugten.

Die Geräusche des Waldes werden hörbar, das Zirpen der Grillen, das Rascheln der Tiere im Laub. Plötzlich höre ich ganz nah ein Knacken. Ich drehe den Kopf nach links, zur Anhöhe, und sehe wenige Meter entfernt zwei Hundeköpfe nebeneinander im Profil. Ihre dunklen Silhouetten zeichnen sich scharf gegen den Himmel ab. Sie haben die Form und Größe von Schäferhunden, verhalten sich aber ganz anders, als ich es von Hunden gewohnt bin. Nämlich ruhig, als ob sie mich ignorierten. Dabei müssen sie mich gewittert haben. Ihre Ohren sind spitz aufgerichtet. Ich habe gelesen, daß der Wolf im Apennin wieder heimisch geworden ist. Aber auch in den Monti Cimini? Vorsichtig, ganz vorsichtig fasse ich mit der Rechten den Stock, mit der Linken greife ich zur Sicherheit in die Hosentasche, nach der Stirnlampe. Dabei raschele ich unabsichtlich mit dem Cape. Blitzartig

sind die beiden Wesen verschwunden, lautlos. Ich schaue auf die Uhr: Es ist viertel vor zwölf. Autos sind kaum noch unterwegs. Es ist Zeit weiterzugehen.

Stockfinster ist die Nacht. Der Mond ist untergegangen, und die Kronen der Bäume schirmen das Sternenlicht von der Straße ab, so daß ich mit Mühe den weißen Seitenstreifen erahnen kann, an den ich mich halte, um nicht ins Gebüsch zu laufen. Rechts und links knackt und raschelt es unablässig. Ich werde das Gefühl nicht los, daß parallel zu mir etwas durch den Wald läuft, und muß immer wieder an die beiden Wesen von vorhin denken. Gelegentlich höre ich Schüsse aus der Ferne. Einmal, als es besonders laut und nah raschelt, schalte ich die Stirnlampe ein und sehe ein merkwürdiges Tier panisch am dichten Gestrüpp entlanglaufen, darin eine Lücke suchend, um dem Licht zu entfliehen. Es ist vielleicht dreißig, vierzig Zentimeter hoch, schwarz, hat einen gewölbten Rücken mit einem stacheligen Kamm, einen spitzen Schwanz und einen spitzen, kleinen Kopf. Ein Dachs ist es nicht.

Ab und zu fahren Autos vorbei. Sie rasen unglaublich schnell. Ich höre sie schon von weitem, bevor ihre Scheinwerfer die Dunkelheit durchschneiden wie blitzschnell geschwungene Messer. Ihr gleißendes Licht verursacht mir körperliche Qual, jedesmal dauert es mehrere Sekunden, bis sich die Augen wieder an das Dunkel gewohnt haben. Endlich wird der Wald lichter, und ich kann unten im Krater den See erahnen, eine matt glänzende, schwarzsilberne Fläche, aus der kaum merklicher Dunst aufsteigt und an deren Rand sich die Lichter einzelner Häuser oder kleiner Orte widerspiegeln: der Lago di Vico.

Die Gegend wird bewohnter. Laternen an einer Kreuzung, die Fassadenbeleuchtung einer Landdisco oder die Lichter eines Hotels erhellen die Straße. Dann ein Ort, Ronciglione, der einen armseligen Eindruck macht: ein geschlossenes Hotel mit blinden Fenstern, Mietskasernen aus der Vorkriegszeit mit abblätternden Fassaden, zerbeulte Kleinwagen, überquellende Mülleimer. Aus einem geöffneten Fenster flackert der Widerschein eines Fernsehers. In einer hell erleuchteten, gepflegteren Einkaufstraße fahren zwei tiefer gelegte Kleinwagen auf und ab, die unter dem Gewummer ihrer Basslautsprecher erzittern. Hinter einer geöffneten Aluminiumtür beginnt ein Bäcker mit der Arbeit. Am Bahnhof entlang, über eine Kreuzung, wo eine verwitterte Tafel steht. Sie erklärt mir, daß ich auf einer Nebenstrecke der alten Via Francigena gehe, die in Zeiten, als Piratenüberfälle die Küste unsicher machten, gegenüber der westlich der Monti Cimini verlaufenden Hauptroute bevorzugt wurde. Dann verschluckt mich wieder die Dunkelheit. Links von mir scheint der Orion auf den Wipfeln der Bäume spazierenzugehen, er bewegt sich mit mir, ein himmlischer Begleiter.

Gegen vier Uhr erreichen wir beide Sutri. Neben einem großen, leeren Parkplatz zwischen älteren Mietshäusern finde ich einen Spielplatz mit Parkbänken. Es ist empfindlich kühl geworden. Ich ziehe das Fleece an und, zum ersten Mal seit den Alpen, die langen Hosenbeine, wickle mich in das Cape und lege mich auf eine der Bänke. Von hier kann ich dem Orion zuschauen, der weiter nach Süden wandert. Er geht voraus nach Rom, denke ich, während ich in Sutri verweile. Sutri – der Klang dieses Namens weckt Erinnerungen. Oder sind es Phantasien? Die Gedanken scheinen zwischen Traum und Wachen zu schweben. Sie fliegen fort, einer fernen Vergangenheit zu.

Sutrilied

König Heinrich III. wollte sich zum Kaiser krönen lassen. Weil er dafür den Papst brauchte, zog er mit seinem Gefolge über die Alpen nach Rom. Doch in Rom war seit Monaten der Teufel los. Nicht weniger als drei Päpste hatten sich gegenseitig das Petrusamt streitig gemacht, der eine war von Anhängern des andern aus der Stadt vertrieben worden, der andere wiederum hatte die Papstwürde für viel Geld an einen dritten verschachert und so fort. Als König Heinrich kurz vor Weihnachten – man schrieb das Jahr 1046 – nach Italien kam, hatte sich die Lage zwar einigermaßen beruhigt. Aber der König wollte ein Machtwort sprechen. Und so machte er kurz vor Rom Station in Sutri und berief die Bischöfe der Kirche zu einer Synode zusammen, in der die kirchlichen Verhältnisse neu geordnet wurden.

Nachdem Heinrich in Sutri zwei der Päpste zum Amtsverzicht bewegen konnte, zog er weiter nach Rom und setzte auch den dritten ab. An ihrer Stelle ließ er einen Bischof aus seiner Heimat, Suidger von Bamberg, zum Papst wählen und sich von diesem am Weihnachtstag zum Kaiser krönen. In der Messe durfte der neue Kaiser den berühmten Satz aus dem Lukas-Evangelium vorlesen, mit dem die Weihnachtsgeschichte beginnt: «Es begab sich aber zu der Zeit, daß ein Gebot von dem Kaiser Augustus ausging, daß alle Welt geschätzt würde.» Damit brachte der neue Kaiser zum Ausdruck, daß er Nachfolger des ersten römischen Kaisers war, den Gott ausgezeichnet hatte, weil er bei Christi Geburt die Welt beherrschen durfte. Zugleich bekräftigte er, daß er als Kaiser in der Kirche ein Wort mitzureden hatte. Die Krönung am Weihnachtstag war ein feierliches Ritual, das die Einheit von geistlicher und weltlicher Macht, von Kirche und Reich, sichtbar machen sollte.

Suidger von Bamberg, der als Klemens II. den Papstthron bestieg, war der erste von sechs deutschen Päpsten in Folge, denen es schließlich gelang, die Verhältnisse in Rom gründlich zu reformieren. Sie befreiten die Kirche aus dem Griff des römischen Adels und machten sie zu einer selbständigen Einrichtung. Das war durchaus im Sinne des Kaisers gewesen. Doch kaum war die Kirche eigenständig geworden, wollte sie sich auch vom Kaiser nichts mehr sagen lassen. Als Heinrichs Nachfolger, ebenfalls ein Heinrich, der vierte in der Zählung der Römischen Könige, wiederum nach eigenem Willen Bischöfe ein- und absetzen wollte, wies der Papst das als unrechtmäßige Einmischung zurück. Es kam zu einem jahrzehntelangen Krieg zwischen Papst und Kaiser, der als «Investiturstreit» in die Geschichte eingegangen ist. Auf dem Höhepunkt des Konflikts sah man den vierten Heinrich barfuß und im Büßergewand vor der Festung Canossa erscheinen, wo sich der Papst verschanzt hatte, ein Bild, das sprichwörtlich geworden ist. Trotz dieser Demütigung konnte auch der Papst den Streit nicht gewinnen: Die Einheit von Kirche und Reich war zerbrochen. Einige Historiker sind der Meinung, daß damals die Trennung von Politik und Religion, die für die europäische Gesellschaft und den Westen insgesamt charakteristisch ist, ihren Anfang genommen hat. Mit jener Synode, die am 20. Dezember 1046 in Sutri stattfand.

Die Stätte historischer Entscheidungen ist heute eine verschlafene Kleinstadt, der man jedoch zugute halten muß, daß sie gestern Gemeindefest gefeiert hat. Die Leuchtgirlanden über den schmalen Gassen und eine verwaiste Bühne auf dem Marktplatz zeugen von den Festlichkeiten des Wochenendes, so daß man die Trägheit, die überall im Ort zu spüren ist, als Nachwirkung eines Exzesses an Vitalität interpretieren kann.

Im einzigen Hotel am Ort nehme ich mir ein Zimmer und versorge zunächst eine Blase am Fuß, die erste auf dieser Reise und vermutlich eine Folge der langen Asphaltlatscherei gestern. Ich schneide sie mit einer Nagelschere auf, lasse das Wasser herauslaufen und schütte eine Jodtinktur hinein. Das tut zwar weh, ist aber das probateste Mittel. Und tatsächlich, nach dem Vormittagsschlaf spüre ich schon nichts mehr.

Daß ich bislang keine Blasen bekommen habe, halte ich meinem strengen Fußregiment zugute. Seit München habe ich nur einmal die Socken gewechselt, in Verona, und sie seither auch nicht gewaschen, nur ab und zu mit Wasser durchgespült, wenn sie zu hart wurden. Ein Paar Baumwoll-

socken über die Füße, darüber ein Paar Wollsocken mit Filzverstärkung an Fersen und Ballen, das ganze in Lederschuhe stecken, kein Goretex und bloß keine übermäßige Fußhygiene, dafür die Füße öfter in kaltes Wasser halten: Das ist mein Rezept für blasenfreies Wandern. Die Filzsocken haben inzwischen Löcher an den Fersen, groß wie Fünf-Mark-Stücke. Es wird Zeit, daß ich ankomme.

Weil Montag ist, sind alle Sehenswürdigkeiten Sutris geschlossen. Dafür entdecke ich in der Kirche vis à vis des Hotels eine putzige Ausstellung: Klassenfotos der Volksschule von Sutri von den Zwanzigern bis in die siebziger Jahre, auf denen sich die Konjunkturen von Mode und Wohlstand ablesen lassen. In den zwanziger Jahren Bubiköpfe und eine junge Lehrerin im Pelzmantel, die keß unter ihrem Pony hervorguckt, in den Dreißigern schmutzige Kinder mit verquollenen Gesichtern. In ihren groben Kitteln, die über die Knie reichen, sehen sie aus wie Insassen einer Armenanstalt des 19. Jahrhunderts; die älteren Jahrgänge, in dunklen Anzügen, mit verwegenen Haartollen und von Pomade glänzendem Haar, wie Al Capones Reservearmee. Die Lehrer tragen Militäruniform. Erst in den sechziger Jahren kommt der Aufschwung. Die Röcke werden kürzer, die Kragen breiter, die Mienen entspannter, die Lehrer tragen Hut und Sonnenbrille und wagen ein Lächeln. Auf einem Foto posiert der Lehrkörper im Schnee: Die Pädagogen machen Faxen, formen Schneebälle, halten zwei gespreizte Finger hinter die Köpfe der anderen, die junge Lehrerin wirft dem feschen Kollegen einen vielsagenden Blick zu.

Ein bißchen Wohlstand mag nach dem Krieg nach Sutri gekommen sein, aber die Geschichte geht seit langem an dem Städtchen vorbei. Früher ging sie mitten hindurch, in Gestalt der Via Francigena alias Cassia, und brachte mit den Pilgern Geld und Neuigkeiten herein. Unterhalb des Doms entstand für die Bedürfnisse der Reisenden ein ganzes Stadtviertel, mit einem Hospital, Tavernen, Schustereien und Kapellen: der Borgo. Heute sitzen alte Leute vor den Haustüren und grüßen den Fremden. Am unteren Ende des Borgo befindet sich ein Tor, die Porta Vecchia. Geht man hindurch, steht man plötzlich auf einer vielbefahrenen Straße, die sich außen an der Stadtmauer entlangwindet. Das ist die moderne Via Cassia. Sie macht einen Bogen um Sutri, und die alte Stadt mit ihren engen Gassen und den abbröckelnden Fassaden kann ihren jahrhundertelangen Schlaf ungestört fortsetzen.

Sutri erscheint mir wie eine Vorwegnahme Roms. Freilich ist Rom größer, besuchter, reicher an Schätzen. Aber auch Rom ist eine Stadt, die ihre große Vergangenheit nie wieder einholen konnte und seither von der Geschichte zehrt, wie die meisten europäischen Städte im Grunde. Nur daß Roms Größe schon im Mittelalter vergangen war.

Mittelalterliche Reisende, die ihren Vergil, Cicero und Livius gelesen und das glanzvolle Rom der Antike vor Augen hatten, kamen in eine Stadt, in der keine 30 000 Menschen lebten, in deren viel zu großem Mauerring die Schafe weideten, deren Monumente zu Ruinen verfallen waren. Einer von ihnen war Hildebert von Lavardin, Bischof von Tours im 12. Jahrhundert und ein begnadeter Dichter, der seine Enttäuschung über den Verfall Roms in elegische Verse meißelte: «Nichts, Rom, ist dir gleich, selbst als Ruine. Wie groß du einst warst, lehren die Trümmer noch ...» Wie konnte es sein, daß die Heiden derart großartige Bauwerke schufen, daß noch ihre Ruinen die Gebäude der Christen überragten, fragte sich Hildebert und gab die Antwort in seinen Gedichten: Die Größe des Christentums lag nicht im irdischen Glanz. Größer als die Macht der Konsuln und Kaiser war die des Kreuzes, weil es der Stadt nicht nur den Erdkreis, sondern das gesamte Universum unterworfen hatte.

Andere gingen weiter als Hildebert und fragten sich, ob die Stadt überhaupt des Kreuzes würdig war. Fromme Rompilger waren regelmäßig entsetzt über die Zustände an der Kurie, wo offenbar alles und jeder käuflich war. Ein bekanntes Schmähgedicht, das die Habgier der Kirche anprangert,

trägt just den Namen «Sutrilied», weil es aus Anlaß jener Synode von Sutri im Jahr 1046 geschrieben wurde: «Die Braut Gottes wird vergewaltigt und ungerecht behandelt. Der apostolische Stuhl hat ungerechte Erben», heißt es in dem Gedicht. Und: «Wegen Gold und Silber ist dieses Übel entstanden. Diese Laster kommen von der Habgier der Mutter Kirche.»

Diese negative Rom-Erfahrung, die in der mittelalterlichen Literatur allgegenwärtig ist, tritt uns, ironisch gewendet, auch in der Geschichte vom jüdischen Kaufmann Abraham entgegen, den sein Freund zum Christentum bekehren wollte. Boccaccio erzählt sie im Decamerone: Der Jude Abraham bestand darauf, vor seiner Konversion nach Rom zu pilgern, um das Zentrum der katholischen Kirche kennenzulernen. Der Freund war entsetzt, fürchtete er doch, daß Abraham niemals Christ würde, nachdem er Rom gesehen hatte. Doch der kehrte zurück und ließ sich auf der Stelle taufen. Seine Begründung: «Wenn die Kirche trotz der Verkommenheit ihrer Spitze gedeiht, muß eine höhere Macht hinter ihr stehen.»

Auch ich frage mich jetzt, da ich durch die Gassen von Sutri spaziere und ein letztes Mal auf der Reise innehalte, was mich in Rom erwartet. Wohl kenne ich die Stadt von früheren Reisen her, weiß um ihren Zauber, den ich seit dem ersten Besuch zu Schulzeiten nie vergessen habe. Schließlich war es dieser Zauber, der mich ein weiteres Mal hergelockt und mich dazu verführt hat, diesmal die eigenen Füße zu benutzen, weil nur diese Methode mir wert, ja, weil nur sie mir überhaupt geeignet erschien, mich Rom zu nähern. Unterwegs ist mir dieser Zauber abhanden gekommen, das Ziel selbst, Rom, ist im Laufe der Wanderung zu etwas Abstraktem geworden, zu etwas wie ein Stern am Horizont, nach dem sich ein Schiffer auf seiner Reise durch die Nacht richtet, unnahbar und unerreichbar. Und nun soll ich in zwei Tagen dort sein? Der Gedanke beunruhigt mich.

Die Gefährten

Es beginnt mit einem flüchtigen Sinneseindruck: ein längliches hellrotes Etwas, das in der Morgendämmerung über der Straße schwebt und, kaum wahrgenommen, schon hinter der Kurve verschwunden ist. Der Verstand ist sogleich aus seinem morgendlichen Dämmerzustand gerissen und erkennt die Form einer Isomatte, die unten an einen Rucksack gebunden wurde. Hinter der Kurve bestätigt sich der Eindruck. Ja, vor mir geht ein Wanderer. Auch wenn ich nicht mehr von ihm – oder ihr? – erkennen kann, denn im nächsten Ausgenblick biegt die Isomatte hinter einer Bushaltestelle rechts ab. Sie nimmt die Straße zum Lago di Bracciano. Das ist auch mein Weg.

Wer auch immer da vor mir unterwegs ist, geht einen strammen Schritt, fast zu schnell für mich um diese Tageszeit. Doch ich kann nicht warten, bis ich ihn vielleicht später am Tag einhole. Die Neugier hat mich gepackt. Also beschleunige ich das Tempo, so gut ich kann, und es beginnt ein Schneckenrennen. Langsam, ganz langsam hole ich den anderen Wanderer ein. Dabei erkenne ich immer mehr von ihm: über dem großen Rucksack eine Baseball-Mütze, unter der Isomatte kurze Hosen und sehr kräftige Waden, die so wacker ausschreiten, daß ich fast eine halbe Stunde brauche, um ihn zu erreichen.

Während der Aufholjagd kann ich seine Strategien beobachten: wie er den Stock rhythmisch auf den Asphalt setzt, wie er in unübersichtlichen Linkskurven auf die rechte Straßenseite wechselt und dann wieder zurück. Ein routinierter Straßenläufer. Jeden Moment rechne ich damit, daß er sich umdreht und mich sieht, aber ich komme unbemerkt bis auf wenige Meter heran. Jetzt kann ich auch die Jakobsmuschel und das Kreuz hinten an seinem Rucksack erkennen: ein Pilger.

«Salve, pellegrino!», rufe ich: «Sei gegrüßt, Pilger!» Er dreht sich um. Ein älterer Mann mit Glatze und weißem Backenbart steht mir gegenüber. Sein kantiger Schädel erinnert an den Feldmarschall Hindenburg, aber er schaut beileibe nicht so grimmig. «Salve!», antwortet er: «Wo kommst du denn her?» – «Heute aus Sutri.» – «Ah, ich auch. Ich heiße Giovanni.» Er reicht mir eine kräftige Hand.

Wir gehen nebeneinander. «Ich habe schon von dir gehört», sagt Giovanni. «Die Mönche in Sant' Antimo haben mir erzählt, daß vor mir ein junger Deutscher da war. Aber ich hätte nicht erwartet, dich noch zu treffen. Ich dachte, du wärst mir einen Tag voraus.» Wir stellen fest, daß Giovanni eine andere, direktere Route genommen hat als ich. Er ist der Via Cassia gefolgt, der Staatsstraße, und hat dadurch einen Tag gewonnen. Ohnehin staune ich über seine Fitness. Vor 25 Tagen ist er von seinem Haus am Comer See losgelaufen und er marschiert in einem Tempo, daß ich mich ranhalten muß. «Du bist nicht der erste Pilger, dem ich begegne», sagt er. «In der Toskana bin ich mit einem Kameraden aus Zürich gewandert, den ich unterwegs kennengelernt habe. Es war angenehm, Gesellschaft zu haben. Aber nach ein paar Tagen haben wir uns getrennt. Mit dem Schweizer habe ich bloß 25 Kilometer am Tag gemacht. Das war mir auf die Dauer zu langsam. Morgen früh zur Papstaudienz will ich in Rom sein.» Keine Schlechte Idee, denke ich. Aus mittelalterlichen Pilgerberichten weiß man, daß eine Begegnung mit dem Papst der emotionale Höhepunkt jeder Pilgerfahrt nach Rom war. «Ich komme mit, wenn es dir recht ist.» – «Volentieri. Gern», sagt Giovanni: «Ich will heute aber noch nach La Storta. Das sind 42 Kilometer.» «Kein Problem», sage ich selbstsicher: «Weißt du schon, wo du in La Storta übernachten wirst?» – «Es gibt dort einen Pfarrer, der Pilger aufnimmt.» – «Woher weißt du das?» Ich muß an das Erlebnis mit dem Pfarrer in Erbezzo denken.

Giovanni zeigt mir einen Pilgerführer für die Via Francigena, ein Büchlein, das neben Routenbeschreibungen auch Listen mit Adressen von Pfarrern, Klöstern und anderen gastfreundlichen Häusern enthält. Ich bin beeindruckt. Außerdem hat er einen richtigen Ausweis für Rompilger, den eine Jakobsbruderschaft in Perugia herausgibt, mit vielen kleinen Feldern, auf denen man jeden Tag seine Stempel sammeln kann, so wie auf dem Jakobsweg. Den ist Giovanni im vorigen Jahr gegangen.

Giovanni trägt Ledersandalen, die er selbst gemacht hat. Er ist nämlich Schustermeister. Das heißt, er war es bis vor einem Jahr. Jetzt ist er in Pension und hat daher Zeit, auf Pilgerfahrt zu gehen. «Meine Frau hätte keinen Spaß daran. Ist aber auch ganz gut. So kann sie den Garten und den Hund versorgen.»

Schwatzend gehen wir neben der Uferstraße des Lago di Bracciano, wobei wir aufpassen müssen, daß uns die Autos nicht umfahren, und erzählen von unseren Reiseerlebnissen. Giovanni ist ziemlich gradlinig gegangen, oft auf größeren Straßen, und mit sportlichem Ehrgeiz. In seinen Erzählungen kommen viele Kilometerzahlen vor.

Gegen mittag kommen wir an einem Campingplatz vorbei. Der Pförtner ist so freundlich, uns an den Strand zu lassen. Wir schwimmen eine Runde im Lago di Bracciano, während eine deutsche Schulklasse um uns herumplantscht. Das Wasser ist rein und klar, so daß man den schwarzen Sand auf dem Grund sehen kann und Pflanzen, die in der Strömung hin- und herschaukeln. Nachdem wir uns erfrischt haben, setzen wir uns ans Ufer und teilen unseren Proviant, darunter ein Säckchen frischer Feigen, die wir vorhin am Straßenrand gepflückt haben.

Schon nach den wenigen Stunden bilden Giovanni und ich eine verschworene Gemeinschaft, als ob wir schon wochenlang gemeinsam unterwegs wären. Und vor allem: Wir gehen im selben Rhythmus. «Schade, daß wir uns nicht früher getroffen haben», meint der pensionierte Schuster und fügt mit Pathos hinzu: «Aber so hat es das Schicksal nunmal gewollt.»

Bei Anguillara verlassen wir den stillen See. Der Verkehr nimmt nun stark zu. Er kommt in Wellen. Lange Kolonnen von LKWs und Autos wechseln sich ab mit wenigen Minuten Ruhe. Die meiste Zeit müssen wir hintereinander gehen, um nicht angefahren zu werden. Es ist unmöglich, sich zu unterhalten. Reklametafeln säumen die Straße, Gewerbegebiete, Möbelmärkte, Reifenhändler, Banken, Restaurants, Polizeistationen. Am Straßenrand häuft sich der Müll; die Autos haben römische Nummernschilder, Flugzeuge hängen dicht über uns im Landeanflug: Das alles sind Zeichen, daß wir uns der großen Stadt nähern. Wir gehen durch ein kilometerlanges Stacheldrahtspalier mit modernen Gebäuden dahinter: das Atomforschungszentrum Casaccia.

In einem langgestreckten Ort namens «Osteria nuova» kaufen wir bei einem kalabrischen Obsthändler eine Melone, die uns für die letzten Kilometer stärken wird. Als wir hinterher einen Brunnen suchen, um unsere klebrigen Hände zu waschen, lerne ich etwas. Eine Freundin aus Mailand hatte mir gesagt, daß ein öffentlicher Wasserhahn, eine «fontanella», in Italien auch «pompino» genannt wird. Ich hatte das Wort ein paar Mal zu benutzen versucht, hatte aber stets verständnislose Blicke geerntet. Auch Giovanni schaut mich ungläubig an. «Pompino? Weißt du, was das heißt?», fragt er. – «Wasserhahn, oder nicht?», antworte ich. Giovanni bricht in lautes Lachen aus. «Pompino sagt man, nun, wenn eine Frau es dir mit dem Mund macht. Du verstehst ... ?» Nun wird mir einiges klar. Ho bisogno di un pompino. Ich brauche ... Die Mailänder Freundin hat es offenbar gut mit mir gemeint.

Wir setzen unseren Weg fort. Der Verkehr rollt weiter erbarmungslos an uns vorbei, wirbelt Staub auf, bläst uns seinen Smog ins Gesicht, dröhnt in den Ohren. Dann ein moderner Vorstadtbahnhof aus Beton und roten und grünen Stahlelementen. Wir lesen das Stationsschild: La Storta.

«La Storta» heißt soviel wie «die Verbogene», und man sagt, der Ort werde so genannt, weil die Via Cassia an dieser Stelle einen Knick macht und nach Süden abbiegt. Sie tritt sozusagen in die Zielgerade ein. Ignatius von Loyola hatte hier eine Vision, als er 1537 auf dem Weg nach Rom war, um sein Leben in den Dienst des Papstes zu stellen. Gott gab dem bekehrten Offizier in La Storta zu verstehen, daß er ihm in Rom gnädig sein würde. Und so kam es: Der Papst nahm sein Angebot an, Ignatius gründete den Jesuiten-Orden.

Um zur Pfarrei «Sacri Cuori di Gesù e Maria» zu kommen, müssen wir den ganzen Ort durchqueren, entlang der vielbefahrenen Via Cassia, die nicht einmal hier einen Bürgersteig hat. Am Straßenrand tummeln sich viele Immigranten: Südamerikaner, Araber, Afrikaner. Sie warten auf den

Bus, sitzen auf Bänken oder Betonmäuerchen. Einige wechseln spöttische Kommentare, als wir vorbeigehen.

Die Kirche steht auf einem Hügel am Ortsrand, ein voluminöser Sechziger-Jahre-Bau aus hellroten Ziegeln. Im Pfarrzentrum, das halbkreisförmig direkt hinter die Apsis gesetzt wurde, herrscht reges Kommen und Gehen: alte Menschen, die auf Stühlen an der Wand sitzen und Kaffee aus Plastikbechern trinken, ein Mann in zerlumpter Kleidung, der bei der Sekretärin eine Bescheinigung abholt, eine junge Frau mit Kinderwagen, die den Pfarrer sprechen will. Der Pfarrer ist jung. Er kommt aus Äquatorial-Guinea und wirkt sehr engagiert, ein Streetworker, der in seinem Beruf aufgeht. Vor einiger Zeit sei ein Pilger gekommen, der sich als Priester entpuppt und zusammen mit ihm die Eucharistie zelebriert habe, erzählt er mit leuchtenden Augen. «Wollt ihr auch in die Messe kommen, um halb sieben?» Wir antworten ausweichend. Unser Bedürfnis nach einer Dusche ist größer.

Der Pfarrer führt uns in den ersten Stock. Ob viele Pilger vorbeikommen, frage ich ihn auf der Treppe. «Jede Woche eine Handvoll. Neulich kam sogar eine ganze Gruppe, siebzehn Personen!» Über dem Pfarrbüro befinden sich zwei Räume, die ebenfalls gekrümmt sind und, nach den Tafeln an der Wand zu urteilen, für Gruppenstunden genutzt werden. Der Pfarrer drückt uns einen Schlüssel in die Hand. Es gibt auch eine Dusche, die allerdings eine Ewigkeit lang blockiert ist. Ich rüttele mehrmals ungeduldig an der Tür. Endlich kommt ein junger Mann heraus und entschuldigt sich. Er hat in der Dusche seine Wäsche gewaschen, die er jetzt in einen kleinen Rucksack packt. Dann geht er.

Giovanni bringt vom Einkaufen eine Flasche Wein und eine Pizza mit. Ich werfe meine letzten Vorräte dazu. Wir lassen den Abend nicht lang werden. Nachts schrecke ich hoch. Ich habe geträumt, ich liege draußen und ein wildes Tier bedroht mich, ein Wildschwein oder etwas in der Art. Aber es ist bloß Giovanni, der so laut schnarcht, daß der

Boden vibriert. Zum Glück gibt es den zweiten Raum, in den ich umziehen kann.

Audienz

Der große Tag beginnt um zwei Uhr in der Früh mit dem Piepen des Weckers an meinem Handgelenk. Giovanni und ich sparen uns das Frühstück, packen zusammen und brechen um halb drei von La Storta auf, um die letzten 20 Kilometer in den ruhigen Morgenstunden zu bewältigen. Wir gehen schweigend.

Die Via Cassia ist wie ausgestorben. Links und rechts der Straße stehen Wohnblocks mit heruntergelassenen Rolläden, Gated Communities, deren Häuser sich im bleichen Licht der Gehwegbeleuchtung verlieren, Supermärkte mit vergitterten Schaufenstern. Dazwischen römische Pinien, die ihre stolzen Kronen in den Himmel recken. Scheinwerfer strahlen die Bäume von unten an und lassen ihre Kronen wie die aufgedonnerte Haarpracht alter Tanten wirken.

Einmal kommt uns ein Auto entgegen, das Schlangenlinien fährt, ohne Licht. Wenig später passieren wir eine Bar, die noch auf hat, am Tresen triste Gestalten. Die lauten Worte eines Streits klingen auf die Straße, Glas splittert. Wir gehen weiter. Am Straßenrand häuft sich der Müll, auf den Bürgersteigen, um die Müllcontainer herum, teilweise soviel, daß wir auf die Fahrbahn ausweichen müssen. Vor fünf Uhr fahren die ersten Busse. An den Haltestellen stehen schlaftrunkene Menschen, schweigsam, rauchend. Schließlich erreichen wir die Zusammenführung von Via Cassia und Via Flaminia. Die Straße ist hier achtspurig und von Laternen taghell erleuchtet. Wir unterqueren die Stadtautobahn und erklimmen den Deich des Tibers. Ein Stück nach Westen, dann sind wir bei der Milvischen Brücke.

Der Stadtplan von Rom, den mir Guidos Kusine geschenkt hatte, hilft uns, den Weg zu finden. Den Plan hat die

«American Express Company S.A.I. – Roma» für ihre Kunden drucken lassen, dem Design nach zu urteilen in den späten fünfziger oder in den sechziger Jahren. Er ist nach Süden ausgerichtet, wie Etzlaubs Karte, so daß wir ihn in Laufrichtung halten können. Wir gehen die Via Flaminia hinunter und betreten, wie die Pilger früherer Zeiten, das alte Rom durch die Porta del Popolo. Ich will kurz Andacht halten, aber Giovanni ist nicht zu stoppen. Ich folge ihm über den Platz mit dem Obelisk, danach halten wir rechts auf den Tiber zu und nach einer geöffneten Bar Ausschau. Die Stadt wacht allmählich auf, das Knattern einzelner Autos verdichtet sich zu einem sonoren Rauschen.

Am Ponte San Angelo, bei der Engelsbrücke, stehen ein paar Straßenkehrer zusammen, rauchen und unterhalten sich. Auch sie wissen nicht, wo man zu dieser Stunde einen Kaffee trinken kann. Schließlich finden wir auf dem Corso Vittorio Emanuele II ein Café, ein kleines Etablissement mit einem Buffet und Kaffeehaustischchen, in dem sich das Gelichter der Nacht mit Frühaufstehern mischt. Wir sitzen weitgehend unbeobachtet dazwischen, die Rucksäcke an die Wand gelehnt, an der bedruckte Spiegel mit historischen Reklamen hängen, trinken Kaffee und besprechen das weitere Vorgehen. Ich schlage vor, zu den Augustinern zu gehen.

Mein Bruder war vierzehn, ich sechzehn, als unser Vater

einem Busfahrer aus dem Nachbarort Geld gab, damit er uns mitnahm. Der Bus war halbvoll mit älteren Leuten, die eine zehntätige Reise nach Rom und Capri gebucht hatten, Übernachtung in Drei-Sterne-Hotels, Stadtführung und Beschallung mit Schlagermusik inklusive. Der Fahrer hatte den Auftrag, uns auf dem Petersplatz abzusetzen. Dort mußten wir nur durch die Kolonnaden gehen, die Straße überqueren und an der Pforte der Augustiner-Eremiten anklopfen, wo uns Bruder Bernhard erwartete. Ein Onkel, Mönch in diesem Orden, hatte uns angekündigt.

Wir schliefen im klostereigenen Studentenwohnheim, das leerstand, weil Osterferien waren, in einem Zimmer mit

Blick auf die Glaubenskongregation, wo der Kardinal Ratzinger arbeitete. Abends, nach den langen Stadtrundgängen, stellten wir uns immer ans Fenster unseres Zimmers, betrachteten mit leichtem Gruseln die undurchdringliche Fassade der Inquisition und voller Bewunderung den Verkehr, der sich scheinbar chaotisch, aber doch flüssig über die Kreuzung wälzte. Ein kleiner dicker Mönch, Bruder Xaver, fuhr uns mit einem alten, blitzeblanken schwarzen Fiat durch die Stadt, durch die vatikanischen Gärten, zu den Katakomben und schimpfte dabei in bayerisch gefärbtem Italienisch auf alles, was sich bewegte. Meistens gingen wir jedoch zu Fuß, wanderten vom Vatikan bis zur Lateranbasilika, verbrachten ganze Tage auf dem Forum Romanum, sahen im Geiste Cicero auf die Rostra steigen und die Vestalinnen beim keuschen Kult, standen staunend im Pantheon und betrachteten als Norddeutsche mit Befremden den barocken Prunk der Kirchen. Unbestrittener Höhepunkt dieser Reise war ein nächtlicher Spaziergang mit Bruder Bernhard durch Trastevere, über die Piazza Navona und zur spanischen Treppe, durch das Rom Fellinis und Moravias, von denen wir freilich noch nichts wußten.

Bruder Bernhard sitzt wie damals an der Pforte. Er ist alt geworden, trägt ein abgewetztes graues Jackett über einem dunklen Pullover. Seine Hose wird von einer Sicherheitsnadel zusammengehalten. Der Pförtner sei krank, und deshalb habe er einspringen müssen. Es dauert eine Weile, bis er weiß, wer ich bin, nach all den Jahren. Endlich erinnert er sich und beginnt zu erzählen. Bruder Xaver sei längst gestorben, das Studentenwohnheim gebe es auch nicht mehr. Der Gebäudeflügel, in dem es sich befand, sei verpachtet an ein Hotel der gehobenen Kategorie. Während wir plaudern, kommt ein Mann an die Pforte, der ein wenig mit «Fra Bernardo» scherzt, gegen Geld eine Plastiktüte in Empfang nimmt und wieder geht. Ich schaue den Mönch fragend an. «Kleine Gefälligkeiten», sagt er. «Er hat eine Spedition, transportiert ab und zu Sachen für das Kloster, und ich bringe ihm zollfreie Zigaretten aus dem vatikanischen Supermarkt mit.»

Bruder Bernhard führt uns ins Foyer und zu einem Abstellraum, wo wir unsere Rucksäcke deponieren können. Im WC nebenan waschen wir uns notdürftig. Dann öffne ich den Rucksack und nehme das Hemd von Guidos Sohn heraus, ein weißes Polohemd mit dem Logo der Marke Sergio Tacchini auf der Brust und einem verwaschenen farbigen Aufdruck am rechten Ärmel. Es ist etwas verknittert, nachdem es wochenlang im Rucksack gelegen hat, aber es ist mit Abstand das sauberste Kleidungsstück, das ich besitze. Ich ziehe das Hemd über. Jetzt sind wir bereit für die Audienz.

Bereits zwei Stunden vor Öffnung der Sicherheitsschleusen drängen sich die Menschen auf dem kleinen Platz vor der Glaubenskongregation. Aus dem Mezzogiorno sind ganze Dörfer angereist, allein aus dem apulischen Ort Apricena angeblich zwanzig Busladungen. Sie tragen hellblaue Halstücher: «Apricena incontra il Papa – 22 Settembre 2004.» Die Menschen sind nervös, sie rennen hin und her, reden laut, telefonieren. Nach der Einsamkeit der vergangenen Wochen wird uns das Gedränge bald zuviel. Ich muß an ein Unglück denken, das sich in einem der heiligen Jahre, es war wohl anno 1450, zugetragen haben soll. Damals scheute auf der Engelsbrücke ein Esel und verursachte eine Massenpanik, bei der zweihundert Pilger zerquetscht wurden oder ertranken. Giovanni und ich flüchten in eine Bar.

Als wir um viertel nach neun wiederkommen, spielen sich vor den Sicherheitsschleusen tumultartige Szenen ab. Beim Rennen um die besten Plätze bewahren nicht alle ihre christliche Haltung. Einige mogeln sich vor und erregen damit den Unmut der anderen, die sich, in ihrer Angst, übervorteilt zu werden, nun ebenfalls vordrängen. Die Polizisten bringen Ordnung in die Sache, und wir kommen wohlbehalten hinein, sehen uns aber sofort mit dem nächsten Problem konfrontiert. Ein uniformierter Scherge will unsere Eintrittskarten sehen. Welche Eintrittskarten? Wir zeigen ihm unsere Pilgerbriefe und Stempel. Er winkt uns gnädig durch.

Der Petersplatz ist mit hölzernen Zäunen in Rechtecke aufgeteilt. Mit etwas Glück ergattern wir zwei Plastikstühle in der Mitte. Während der Platz sich immer mehr füllt, warten wir zwischen zappelnden apulischen Großmüttern, weltläufigen amerikanischen Katholiken und deutschen Schulklassen auf die Ankunft des Papstes. Plötzlich geht ein Raunen durch die Reihen, eine Hiobsbotschaft wird von Mund zu Mund getragen und kommt schließlich auch zu uns: «Il papa non viene! Der Papst kommt nicht!» Ein femininer Priester, der mit dem apulischen Dorf angereist ist, versucht die Menschen in unserem Planquadrat zu beruhigen. Aber der Zweifel ist gesät.

Ich bitte Giovanni, ein Foto von mir in Diegos Hemd zu machen, vor der Fassade des Petersdoms. Der Beweis, daß ich meinen Auftrag erfüllt habe. Ich will es Guido schicken, wenn ich wieder daheim bin.

Nach einer Stunde des Wartens werden wir erlöst: Der päpstliche Hubschrauber flattert über den Platz, dreht eine Runde und landet dann hinter dem Dom. Wenige Minuten später fährt Johannes Paul II. in einem Wägelchen auf den abgesperrten Wegen über den Platz, ein zitternder alter Mann, den es sichtlich Anstrengung kostet, gütig mit dem Kopf zu nicken und mit den Händen zu winken. Die Menschen applaudieren. Jeder will ihn aus der Nähe sehen. Einige springen auf ihre Stühle. Denen, die dahinter sitzen, bleibt nichts anderes übrig, als es ihnen nachzutun, und schon stehen wir alle oben, um einen Blick auf diesen alten und sichtbar kranken Mann zu ergattern und ihn zu fotografieren. Einige holen ihre Mobiltelefone heraus, um die Lieben daheim an diesem historischen Moment teilhaben zu lassen: «Wir sind auf dem Petersplatz. Stell dir vor, der Papst ist hier!»

Als der greise Pontifex ein Baby, das ihm über die Absperrung gereicht wird, an sich drückt und auf die Stirn küßt, erreicht die Begeisterung ihren Höhepunkt. Die Menge jubelt, alles klatscht, Pfiffe und Bravorufe ertönen. Giovanni steht reglos neben mir auf seinem Stuhl, schüttelt den Kopf und murmelt ein paar abfällige Bemerkungen über die Leute vor uns, die damit begonnen haben, auf die Stühle zu klettern, und denen es offenbar egal sei, ob die Kleineren unter den Zuschauern noch etwas sehen können. Nachdem wir uns wieder gesetzt haben, flüstert er mir zu: «Mi pare brutto. Ich finde häßlich, was sie mit dem alten Mann machen. Sie sollten ihn lieber ausruhen lassen, anstatt ihn herumzuscheuchen. Er ist doch ein Pflegefall.» – «Meinst du nicht, daß er selbst das so will?», frage ich ihn. Giovanni zuckt mit den Achseln.

Nachdem der Papst auf der Tribühne angekommen ist, die vor der Domfassade errichtet wurde, liest er von einem Blatt ein paar Sätze ab, die ich kaum verstehe. Violett gegürtete Würdenträger treten vor und begrüßen den Papst im Namen der Sprachgemeinschaften, die auf dem Platz anwesend sind, und listen die größeren Gruppen auf, die – wie etwa «die Teilnehmer der Leserreise der deutschsprachigen Wochenausgabe des Osservatore Romano» – eigens angereist sind, um den Papst zu grüßen. Die jeweils Genannten johlen dann und fühlen sich doppelt geehrt, wenn der Papst sie in ihrer Muttersprache nochmals persönlich willkommen heißt. Giovanni und ich sitzen da, zunehmend befremdet von all dem. Den Papst verstehe ich nicht einmal, wenn er deutsch spricht. Zum Glück fassen die violett Gegürteten seine Rede in verschiedenen Sprachen zusammen. Johannes Paul II. hat über Christus meditiert, Christus als Bild des unschuldig Leidenden. Auch der Papst gibt das Bild des unschuldig Leidenden ab. So zumindest verstehe ich diese Inszenierung. Er hat seinen Körper nicht mehr unter Kontrolle, immer wieder bricht ihm die Stimme, und er stöhnt laut auf. Speichel scheint aus seinem Mund zu laufen, soweit ich das aus der Entfernung erkennen kann, zwischendurch treten Helfer vor, die ihm den Mund abwischen.

Nach einer Stunde ist die eigentliche Audienz vorbei. Nun dürfen die VIPs, die mit dem Papst auf der Tribüne sitzen, langbeinige Damen in dunklen Kostümen und wohlfrisierte Vertreter der römischen Aristokratie, an ihm vorbeidefilieren und seinen besonderen Segen empfangen, nachdem das Fußvolk den allgemeinen erhalten hat und sich nun in die Straßen des benachbarten Borgo ergießt, um Souvenirs zu kaufen und Pizza zu essen. Giovanni und ich haben noch Pilgerpflichten zu erledigen. Nach den uralten Gesetzen der spirituellen Bürokratie müssen wir uns einen letzten Stempel holen, um den Abschluß unserer Pilgerfahrt zu bestätigen.

Wir wenden uns mit diesem Anliegen an die Schweizer Gardisten an der Porta Angelica, die uns in den Dom verweisen, der aber noch geschlossen bleibt, solange das Defilee der VIPs andauert. Also suchen wir wieder eine Bar auf, finden um halb zwei endlich die Kirche geöffnet und eine Riesenschlange davor. Wir reihen uns ein, passieren abermals die Sicherheitsschleuse und erfahren im Innern der Kirche, daß die Sakristei, wo der Stempel ausgegeben wird, erst ab vier Uhr geöffnet ist. Immerhin können wir nun das Apostelgrab besichtigen.

Als ich in der Krypta stehe, zwischen anderen Pilgern oder Touristen, bemühe ich mich, etwas Besonderes zu fühlen, aber es will mir nicht gelingen. 53 Tage war ich ein Pilger auf dem Weg nach Rom. Und jetzt, da ich am Ziel meiner Pilgerfahrt bin, bin ich immer noch ein «peregrinus», ein Fremder, und stehe in diesem riesigen kalten Tempel zwischen anderen Fremden. Giovanni scheint es ähnlich zu gehen. Wir wollen Kerzen anzünden, als Zeichen der Dankbarkeit für die glückliche Ankunft und für die Menschen, die uns unterwegs geholfen haben. Aber in dieser Marmorwüste finden wir keine Kerzen. Es gibt nur Apparaturen, in die man einen Euro werfen muß, dann entzündet sich ein Glühbirnchen. Ein solches elektrifiziertes Opfer erscheint uns unangemessen. Und so verlassen wir bald den Petersdom.

Schließlich haben wir, nicht anders als die Pilger des Mittelalters, noch ein Problem zu lösen: Wir müssen in Rom eine standesgemäße Unterkunft finden.

Bruder Bernhard hat leider keinen Platz für uns. Giovannis Pilgerführer listet ein paar Kontakte auf, die wir einen nach dem anderen abtelefonieren, beginnend mit der Zentrale des Vatikans. Wir werden jedoch stets mehr oder weniger freundlich abgewimmelt. Schließlich scheinen wir doch Glück zu haben bei einem Konvent in Trastevere, setzen uns in den Bus und finden nach einigem Suchen das Gebäude, nur entpuppt es sich leider als Hotel, wo die Zimmer 100 Euro aufwärts kosten. Nach einem längeren Fußmarsch quer durch die Stadt – das Busfahren hat sich mit den Rucksäcken als unpraktisch herausgestellt – nehmen wir das erstbeste Youth Hostel in der Nähe der Stazione Termini. English spoken, Discomusik im Foyer, Sechsbettzimmer.

Duschen, Umziehen und mit der Buslinie 64 zurück zum Petersdom. Wieder Anstellen, ein drittes Mal durch die Sicherheitsschleuse – Alarm! Diesmal haben sie endlich mein Taschenmesser entdeckt. Damit darf ich nicht hinein. Ich laufe über den Platz und gebe das Messer Bruder Bernhard in Obhut, eile zurück und stelle mich erneut an. In der Sakristei des Petersdoms finden wir tatsächlich jemanden, der uns ohne weiteres Zeremoniell einen Stempel gibt. Danke, gern geschehen, auf Wiedersehen. Um halb sechs ist es amtlich: Unsere Pilgerfahrt ist zu Ende.

Ein Grund zum Feiern, finden wir und suchen uns ein Restaurant im Borgo, mit Terrasse, denn der Abend ist lauschig, und nach den Wochen an der frischen Luft wollen wir nicht in einem Raum eingesperrt sitzen. Beim Essen lassen wir den Tag Revue passieren. «Was mich geschockt hat, ist der fehlende Respekt gegenüber dem heiligen Vater», meint Giovanni: «Wie diese Ausflugspilger die ganze Zeit telefoniert und geschwatzt haben, selbst bei den Gebeten! Überhaupt fand ich dieses Schauspiel entwürdigend. Mir will das Bild dieses kranken Mannes nicht aus dem Kopf.» – «Genau das war der Zweck», wende ich ein: «Wir haben der Inszenierung eines zukünftigen Heiligen zugesehen.» – «Mag sein», sagt Giovanni, «aber ich glaube nicht, daß dieser Greis noch einen Willen hat. Eher stecken seine Berater dahinter, dieser deutsche Kardinal.» Wir essen eine Weile schweigend. Nachdem ich mich wochenlang von Weißbrot und Hartwurst ernährt habe, genieße ich das Steak. Auch Giovanni ißt mit großem Appetit. Nach einer Weile sagt er: «Eine andere Sache, die mich traurig macht, ist, daß wir als Pilger, die wochenlang zu Fuß gegangen sind, im Zentrum der Christenheit wie Aussätzige behandelt werden und daß sich hier niemand um uns kümmert.»

Am Nachmittag haben wir in der Nähe des Petersplatzes ein «Ufficio per la assistenza dei pellegrini» betreten, ein «Büro zur Unterstützung der Pilger». Hinter großen Schreibtischen arbeiteten viele Leute. Schließlich sprachen wir jemand an und fragten, ob er uns bei der Quartiersuche helfen könnte, wurden aber hinauskomplimentiert. Das Büro sei nur für ordnungsgemäß angemeldete Gruppen da.

«In Santiago de Compostela hat man sich wenigstens um unsere Seelen und unsere Körper gekümmert, mit einer Messe am Mittag und einer Herberge für die Nacht», sagt Giovanni: «Ich bin nach Santiago gegangen, weil ich erfahren wollte, warum die Menschen diese Pilgerfahrten machen. Des Glaubens wegen, dachte ich. Aber ich habe es nicht erfahren. Und jetzt diese Erfahrung in Rom. Sie bringt mich eher noch weiter weg vom Glauben ... Ich weiß auch nicht, wo mich das alles noch hinführt.» – «Bereust du, hergekommen zu sein?» – «Nein, auf keinen Fall.»

Die Schönheit der Landschaft, das Gehen in der Natur, die inneren Erlebnisse, vor allem die Begegnung mit den Menschen, darunter nicht zuletzt unser beider Zusammentreffen: All das sei der Mühe wert gewesen. Wir kommen überein, daß sich jeder Meter auf dem Weg hierher gelohnt hat, auch wenn die Ankunft auf dem Petersplatz ernüchternd war. Ein Satz des französischen Jesuiten Michel de

Certeau geht mir durch den Kopf: Gehen bedeutet, den Ort zu verfehlen.

Leicht angeduselt und müde gehen wir zurück zur Herberge. Wir gehen zu Fuß, über den Tiber, durch die eine Gasse mit den vielen Antiquitätenhändlern, über die Piazza Navona, am Trevi-Brunnen und der spanischen Treppe vorbei, durch den Strom der Menschen, der Touristen und der Römer, die herumschlendern, auf den Terrassen sitzen, essen und Wein trinken, in kleinen Gruppen auf den Plätzen herumstehen, Händchen halten, den Gauklern und Feuerschluckern zuschauen, sich zeichnen oder die Hand lesen lassen. Giovanni und ich gehen durch dieses irgendwie festlich gestimmte Gewühl einer Spätsommernacht, und da spüre ich wieder, wie damals auf unseren Spaziergängen mit Bruder Bernhard, den Zauber dieser Stadt.

Siebtes Buch

Epilog

In sechs Tagen schuf Gott die Welt, in sechs Zeitaltern vollzieht sich die Weltgeschichte, in sechs Alter gliedert sich das menschliche Leben: infantia, pueritia, adolescentia, iuventus, virilitas, senectus. Eine Pilgerfahrt ist das Leben, und darum habe ich den Bericht dieser Reise in sechs Bücher unterteilt. Am siebten Tag ruhte Gott, im siebten Zeitalter wird Christus wiederkehren, auf das sechste Lebensalter folgt als siebtes die ewige Ruhe: requies.

Leichter und froher bin ich nie gegangen als am Tag nach unserer Ankunft in Rom. Giovanni und ich sind mit dem Bus hinausgefahren zur Abtei San Paolo fuori le Mura und von dort in die Stadt spaziert zur Lateranbasilika und zu Santa Maria Maggiore, um alle vier Hauptkirchen Roms zu besichtigen, die ein mittelalterlicher Pilger zu besuchen hatte. In keiner der großen Kirchen gab es Kerzen zum Anzünden, erst in San Pietro in Vincoli wurden wir fündig.

Mittags nahmen wir vor einem Straßenverkauf in der Via Merulana ein paar Stücke Pizza zu uns. Den Stehtisch teilten wir mit einem Mann in den Dreißigern, er trug einen schwarzen Anzug und Sonnenbrille. Wir kamen ins Gespräch. Er war Juwelenhändler und vor wenigen Tagen überfallen worden. Es sei nicht das erste Mal gewesen. «Dieser Beruf ist verdammt gefährlich, vor allem in einer Stadt wie dieser. Ich bin völlig mit den Nerven runter und würde am liebsten aufhören. Aber was soll ich tun? Ich habe Frau und Kinder, die kosten Geld. ... Und was seid ihr für Leute? Touristen, oder?»

Als wir ihm von unseren Wanderungen erzählten, schüttelte er ungläubig den Kopf. Wir zeigten ihm unsere Stempel. Da hellte sich sein Gesicht auf: «Das ist ja großartig! Wie habt ihr es bloß geschafft, euch von allem zu befreien?» Wir zuckten mit den Achseln. Er sagte: «Damit habt ihr mir den Tag gerettet. Nun bin ich mir sicher, daß mir wenigstens heute nichts mehr passieren wird.»

Am Ende fragte der Juwelenhändler, ob er seinen Namen in mein Pilgerheft schreiben dürfe. Ich schob es ihm über den Tisch. Er zückte einen Stift und schrieb mit feierlicher Miene:

PIERPAOLO CARATELLI ROMA 23-09-04

Patriarcale Basilica S. Maria Maggiore - ROMA -

Bildnachweis

Die Abbildungen stammen von Bernd Ctortecka (S. 51, 75, 77, 89, 103, 104 (2 Abb.), 147, 154, 166) und Christian Jostmann (S. 24, 67, 70, 111, 129, 174).
Die Abbildung S. 19 wurde dem Buch: Bünsch, Carl und Rohrer, Max (Hrsg.): Gesammelte Schriften des Freiherrn Hermann von Barth, München 1926, entnommen; die Abbildung S. 181 dem Buch: Cavoli, Alfio: Il Cristo della povera gente: Vita di David Lazzaretti da Arcidosso (1834–1878), Siena 1989. Die Abbildung S. 123 gibt eine Postkarte wieder (CABICAR, Bologna). Die Abbildung S. 58 wurde uns freundlicherweise vom Heeresgeschichtlichen Museum, Wien, zur Verfügung gestellt.